MIX
Papier aus verantwortungsvollen Quellen
Paper from responsible sources
FSC® C105338

Tom Konzack

Die Hisbollah –
Fluch oder Segen für den Libanon?

Governance-Analyse
eines ambivalenten Verhältnisses

Diplomica® Verlag GmbH

Konzack, Tom: Die Hisbollah – Fluch oder Segen für den Libanon? Governance-Analyse eines ambivalenten Verhältnisses, Hamburg, Diplomica Verlag GmbH 2012

ISBN: 978-3-8428-7887-7
Druck: Diplomica® Verlag GmbH, Hamburg, 2012
Covermotiv: © florena15 - Fotolia.com

Bibliografische Information der Deutschen Nationalbibliothek:
Die Deutsche Nationalbibliothek verzeichnet diese Publikation in der Deutschen Nationalbibliografie; detaillierte bibliografische Daten sind im Internet über http://dnb.d-nb.de abrufbar.

Die digitale Ausgabe (eBook-Ausgabe) dieses Titels trägt die ISBN 978-3-8428-2887-2 und kann über den Handel oder den Verlag bezogen werden.

Dieses Werk ist urheberrechtlich geschützt. Die dadurch begründeten Rechte, insbesondere die der Übersetzung, des Nachdrucks, des Vortrags, der Entnahme von Abbildungen und Tabellen, der Funksendung, der Mikroverfilmung oder der Vervielfältigung auf anderen Wegen und der Speicherung in Datenverarbeitungsanlagen, bleiben, auch bei nur auszugsweiser Verwertung, vorbehalten. Eine Vervielfältigung dieses Werkes oder von Teilen dieses Werkes ist auch im Einzelfall nur in den Grenzen der gesetzlichen Bestimmungen des Urheberrechtsgesetzes der Bundesrepublik Deutschland in der jeweils geltenden Fassung zulässig. Sie ist grundsätzlich vergütungspflichtig. Zuwiderhandlungen unterliegen den Strafbestimmungen des Urheberrechtes.

Die Wiedergabe von Gebrauchsnamen, Handelsnamen, Warenbezeichnungen usw. in diesem Werk berechtigt auch ohne besondere Kennzeichnung nicht zu der Annahme, dass solche Namen im Sinne der Warenzeichen- und Markenschutz-Gesetzgebung als frei zu betrachten wären und daher von jedermann benutzt werden dürften.

Die Informationen in diesem Werk wurden mit Sorgfalt erarbeitet. Dennoch können Fehler nicht vollständig ausgeschlossen werden, und der Diplomica Verlag, die Autoren oder Übersetzer übernehmen keine juristische Verantwortung oder irgendeine Haftung für evtl. verbliebene fehlerhafte Angaben und deren Folgen.

© Diplomica Verlag GmbH
http://www.diplomica-verlag.de, Hamburg 2012
Printed in Germany

Inhaltsverzeichnis

Abkürzungsverzeichnis 7
1 Einleitung 9
    1.1 Untersuchungsgegenstand 10
    1.2 Struktur und Methodik 11
    1.3 Literaturbericht 14
    1.4 Bedeutende Begrifflichkeiten 15
2 Ausarbeitung der theoretischen Grundlage: Von Hobbes zum Governance-Konzept und der *failed states*-Forschung 17
    2.1 Die politiktheoretische Genese des Staates 17
    2.2 Definition der Staatsfunktionen 19
        2.2.1 Sicherheit 19
        2.2.2 Herrschaft 20
        2.2.3 Wohlfahrt 20
    2.3 Normative Ansprüche an die Staatsaufgaben 21
    2.4 Vom Leviathan zum Herrschaftsmanager 22
        2.4.1 Herausforderungen an den Nationalstaat 22
        2.4.2 Die Veränderung der Rolle des Staates als Leistungserbringer 23
        2.4.3 Perspektivenwechsel in der Betrachtung des Staates 26
    2.5 Der Governance-Ansatz als Ergebnis und Referenzpunkt 27
        2.5.1 Ursprung von Begriff und Forschung 27
        2.5.2 Governance: Definition und Vorüberlegungen zum Analyseschema 28
    2.6 Indikatoren zur Messung Staatsfunktionen ausfüllender Aufgaben 31
        2.6.1 Sicherheitsfunktion 32
        2.6.2 Herrschaftsfunktion 32
        2.6.3 Wohlfahrtsfunktion 33
3 Die Untersuchungsobjekte: Der Libanon und die Hisbollah 35
    3.1 Die Geschichte des Libanon in drei Akten 35
        3.1.1 Erste Phase: 1943 bis 1974 36
        3.1.2 Zweite Phase: 1975 bis 1990 37
        3.1.3 Dritte Phase: 1991 bis 2011 40
    3.2 Die Partei Gottes – Ein Überblick 46

4 Analyse der Staatsfunktionen: Vergiftete Hilfe? ... 51
4.1 Sicherheitsfunktion ... 51
4.1.1 Erste Phase ... 51
4.1.2 Zweite Phase ... 52
4.1.3 Dritte Phase ... 54
4.2 Herrschaftsfunktion ... 65
4.2.1 Erste Phase ... 65
4.2.2 Zweite Phase ... 65
4.2.3 Dritte Phase ... 66
4.3 Wohlfahrtsfunktion ... 81
4.3.1 Erste Phase ... 81
4.3.2 Zweite Phase ... 81
4.3.3 Dritte Phase ... 82

5 Konklusion und Ausblick ... 93

Literaturverzeichnis ... 103

Anhang ... 113
Karte des Libanon ... 113
Karte des Südlibanon ... 114

Abkürzungsverzeichnis

Die folgenden Akronyme werden im Text, sowie als Quellenangaben verwendet.[1]

AA	-	Auswärtiges Amt
AI	-	Amnesty International
BPB	-	Bundeszentrale für politische Bildung
BIP	-	Bruttoinlandsprodukt
BS	-	Bertelsmann Stiftung
CFR	-	Council on Foreign Relations
DOS	-	U.S. Department of State, Bureau of Near Eastern Affairs
EU	-	Europäische Union
FH	-	Freedom House
GF	-	Global Finance
HDI	-	Human Development Index
IHS	-	IHS Global Insight
IISS	-	The International Institute for Strategic Studies
IMF	-	International Monetary Fund
MSA	-	World Bank/Lebanon Ministry of Social Affairs
MNF	-	Multinational Force
MOF	-	Ministry of Finance of the Republic of Lebanon
NGO	-	Non-Governmental Organisation
OECD	-	Organisation für wirtschaftl. Zusammenarbeit und Entwicklung
PLO	-	Palästinensische Befreiungsorganisation
PSP	-	Parti Socialiste Progressiste
SLA	-	Südlibanesische Armee
SC	-	United Nations Security Council
STL	-	Sondertribunal für den Libanon
TI	-	Transparency International
TDS	-	The Daily Star
UNIFIL	-	United Nations Interim Force in Lebanon
VOA	-	Voice of America
WB	-	World Bank

---

[1] Die Institutionen sind mit dem Titel verzeichnet, mit dem sie im Literaturverzeichnis als originäre Quellenangabe geführt werden.

1 Einleitung

Die Libanesische Republik liegt in einer Region, die seit Menschengedenken die Szenerie für das Zusammentreffen von Völkern und Reichen bildet. Der Nahe Osten ist der Mittelpunkt von Weltreligionen und kulturelles Sammelbecken. Seine weltpolitische Bedeutsamkeit wird durch seinen Rohstoffreichtum[2] noch verstärkt. Dies führt zu einem brisanten Ringen zahlreicher Akteure um gesellschaftlichen, politischen und wirtschaftlichen Einfluss in einem unüberschaubar komplexen Durcheinander von Akteurskonstellationen und Interessen. Die Region ist bis heute ein Epizentrum von Konflikten, die in alle Erdteile ausstrahlen. In solch einem Umfeld scheinen der Aufbau und die Aufrechterhaltung stabiler Staatlichkeit eine Herausforderung unter schwierigen Vorzeichen.

Der 1920 unter französischem Völkerbund-Mandat konstituierte Mittelmeeranrainerstaat Libanon verdeutlicht die allgegenwärtige Präsenz externer Machtspiele. Von Israel und Syrien eingeschlossen liegt die Republik seit der Ausrufung des israelischen Staates 1948 an der Konfliktlinie zwischen arabischem Raum und dem israelischen Staat. Die Fülle intervenierender ausländischer Mächte führt zu einer Internationalisierung der innerlibanesischen Angelegenheiten. Das Land ist Schauplatz globaler Konfliktaustragung und wird von verschiedensten Akteuren instrumentalisiert und für eigene Zwecke missbraucht. Dies unterhöhlt die Staatlichkeit, verschärft innenpolitische Spannungen und treibt die Polarisierung der Gesellschaft voran, was das Land schließlich ins Bürgerkriegsverderben reißt. (Davis 2007: 24ff.; Kropf 2007: 75; vgl. Gerngroß 2007: 150ff.)

Als in Reaktion auf die israelische Besatzung 1982 die schiitische Widerstandsbewegung *Hisbollah* gegründet wird, ist der wichtigste libanesische Vetoakteur geboren. Mit aufsehenerregenden Operationen macht die Organisation weltweit auf sich aufmerksam und wird zu einem der ernsthaftesten Gegenspieler Israels. Die Widerstandsbewegung wächst im Libanon zu einer bedeutenden Institution heran, die sich im politischen, sozialen und wirtschaftlichen System des Landes etablieren kann. Sie erfüllt in zunehmendem Maße elementare staatliche Aufgaben. Gegenüber den offensichtlich überforderten und schwachen staatlichen Institutionen tritt sie vermehrt als quasi-staatliche Autorität auf. (vgl. Aras et al.: 25; CFR 2010; Diehl 2011: 43; Norton 2007: 476f.; 481; Philipp 2011 & Rosiny 2008: 28f.)

---

[2] Der Libanon verfügt im Gegensatz zu vielen Ländern in der Region nur über sehr wenige natürliche Ressourcen.

1.1 Untersuchungsgegenstand

Das Forschungsinteresse dieser Studie besteht in der Frage, ob und in welchem Maße der libanesische Staat in der Lage ist, die im Theorieteil herausgearbeiteten Funktionen erfüllen zu können. Kombiniert mit dieser Thematik beschäftigt sich die vorliegende Studie mit der Fähigkeit der Hisbollah als ‚Ersatzspieler' zum Staat einzuspringen. Bei dieser Doppelanalyse wird das Beziehungsgeflecht der beiden Akteure untersucht. Dabei stellen sich mehrere, miteinander verwobene Fragen nach dem wechselseitigen Anpassungsprozess, der genauen Tätigkeit der Hisbollah, ihrer Rolle im politischen System sowie nach den Zielsetzungen ihrer Handlungen. Ist sie nur Helfer in der Not, der ergänzend zur staatlichen Leistungserbringung, also unterstützend tätig wird? Arbeitet sie in Einklang mit den staatlichen Zielen und treibt den (Wieder-)Aufbau des Entwicklungslandes und seiner Institutionen voran? Kooperiert sie dabei mit staatlichen Stellen? Agiert sie als Subeinheit innerhalb des politischen Systems? Akzeptiert sie dessen Spielregeln und die Vormachtstellung des Staates?

Oder ist das ganze Gegenteil der Fall und die einstige Widerstandsbewegung mit ihrer Quasi-Staatstätigkeit ist das Übel für die Schwäche der libanesischen Staatlichkeit? Verdrängt sie bewusst die staatlichen Institutionen und untergräbt dabei staatliche Autorität? Verfolgt sie dabei eigene, zum Staat gar konträre Ziele? Leitet sie staatliche Ressourcen ‚parasitär' zu ihrer eigenen Stärkung ab?

Die mit dieser Abhandlung zu überprüfende These tendiert zu der letztgenannten Annahme. Es wird vermutet, dass die Hisbollah nicht nur ein Grund für die labile libanesische Staatlichkeit ist, sondern auch Profiteur und treibende Kraft für die weitere Schwächung staatlicher Institutionen.

Die Wahl des Forschungsdesiderats hat derweil mehrere Gründe. Die Perzeptionen der Hisbollah umfassen ein großes Spektrum von der gerechtigkeitsschaffenden Wohltätigkeitsorganisation bis zu dem terroristischen Instrument ausländischer Mächte. Die Organisation ist als internationaler Akteur noch weithin unterschätzt. Es ist nicht nur in der Betrachtung des Libanon, sondern auch hinsichtlich der gesamten Region und des Nahost-Konflikts notwendig, ihre wichtige Rolle zu erfassen. Dabei ist die kontroverse Diskussion gleich aus mehreren Gründen ideologisch überfrachtet. Mit der Thematik ‚Nahost-Konflikt' breitet sich eine kaum fassbare Komplexität aus, die die grundlegenden weltpolitischen Probleme von Dekaden erschließt und nahezu alle Weltregionen mittel- oder unmittelbar betrifft. Der Zündstoff kommt in der Zuspitzung als ‚Kampf der Kulturen' gut zur Geltung, bei dem die westliche

Zivilisation von der islamischen herausgefordert wird. Zum anderen obstruiert die Aktualität der Problematik eine notwendige Distanz zur objektiven Argumentation. Dies wird verstärkt aufgrund der religiösen Komponenten, die den Konflikt metaphysisch überhöhen und eine objektive Stellungnahme behindern.

Die Untersuchung der Rolle der Hisbollah im libanesischen Staat über die Staatsfunktionen eröffnet eine neue Herangehensweise nicht nur zum Verständnis der libanesischen Innen- und Außenpolitik, sondern zur gesamten Nahost-Problematik. Die Organisation hat eine Schlüsselrolle in der Region inne. Über die Analyse der Leistungserbringung kann ein Bild von ihr gezeichnet werden, das sich mehr an ihren Tätigkeiten und weniger an Ideologien orientiert. Der Fokus auf den Libanon hilft dabei, die typischen libanesischen Probleme und Schwächen auf der mikropolitischen Ebene zu rekonstruieren.

Die makropolitische Analyseleistung besteht darin, bedingt durch die Einbettung des Konflikts in der Nahost-Problematik, die Auswirkungen interner libanesischer Ereignisse auf das Ausland nachzuvollziehen. Zum anderen werden wiederkehrende Muster in den vielschichtigen Prozessen in der Region identifiziert. Dabei wird einer der folgenschwersten, fundamentalsten und prägnantesten Konflikte unserer Zeit genauer beleuchtet.

Die Relevanz der Fragestellung begründet sich somit nicht nur mit der Aktualität (Nahost im Allgemeinen und ‚arabische Revolution' im Speziellen) und der direkten und indirekten Teilnahme auch westlicher Gesellschaften an diesem globalen Konflikt. Durch die Untersuchung der innenpolitischen Handlungen und Ziele der Hisbollah kann auch ihre außenpolitische Zielsetzung aufgedeckt werden.

1.2 Struktur und Methodik

Um das Ausmaß der Tätigkeit staatlicher Institutionen und der Hisbollah als nicht-staatlichen Akteur messen und einordnen zu können, ist es notwendig, den theoretischen Bezugsrahmen zu definieren. Dazu wird in einem ersten Schritt die Entwicklung des Staates politiktheoretisch anhand der Evolution der ihn legitimierenden Funktionen (Sicherheit, Herrschaft, Wohlfahrt) aufgezeigt (2.1 Die politiktheoretische Genese des Staates). Anschließend werden diese definiert und für die Anwendung auf die heutigen politischen Systeme angepasst (2.2 Definition der Staatsfunktionen). Staaten können ihren Funktionen nur dann nachkommen, wenn sie bestimmte Aufgaben erfüllen. Dabei muss auf die normative Prägung dieser hingewiesen werden, da die Aufgabenbestimmung sich mit dem jeweiligen Staatsverständnis und der Ausprägung verändert (2.3 Normative Ansprüche an die Staatsaufgaben). Auf dieser

Grundlage werden die Herausforderungen an die Staaten verdeutlicht, auf die sie mit einer Modifikation ihrer Aufgaben und der Art der Erfüllung reagieren (2.4 Vom Leviathan zum Herrschaftsmanager). Dabei variiert auch die Rolle der staatlichen Institutionen, die ihnen durch die Gesellschaft zugeteilt wird, was sich in ihrem Aktivierungsgrad und ihrem Tätigkeitsschwerpunkt niederschlägt. Durch grundlegende Veränderungen im internationalen System haben neue, nicht-gesellschaftliche Akteure und Netzwerkstrukturen mehr Einfluss auf die staatliche Leistungserbringung gewonnen. Diese Dynamiken machen einen Perspektivenwechsel in der Betrachtung des Staates notwendig. Die Governance-Forschung bietet mit einer breit angelegten Betrachtungsweise bezüglich der Akteurskonstellation und der Strukturen, in denen die Akteure ihre Handlungen koordinieren, eine neue Herangehensweise (2.5 Der Governance-Ansatz als Ergebnis und Referenzpunkt). Zugleich liefert sie das zugrunde liegende theoretische Fundament für die Studie, sowohl den libanesischen Staat als auch die Hisbollah als gleichwertige Akteure bei der Erbringung staatlicher Leistungen zu betrachten. Mit der Wahl des weiten Verständnisses des Governance-Konzepts werden auch nichtstaatliche Akteure als vollwertige Handlungssubjekte hinsichtlich der Staatlichkeit wahrgenommen. Die Konkurrenz ist dabei der einzig entscheidende Governance-Mechanismus, denn die Leistungserbringung von Staat und Hisbollah soll auf den gleichen Feldern herausgearbeitet werden. Durch die Anpassung der klassischen Staatstrias an das neue Governance-Konzept durch Matthias Kötter wird die Analyse in diesem Buch zusätzlich zu der akteursspezifischen auch von der territorialen Einschränkung befreit, was den Zugriff auf Räume fragiler Staatlichkeit erlaubt.

Zur Messung der Staatstätigkeit wird in Anlehnung an Ulrich Schneckeners Indikatoren aus seinem Projekt *States at Risk – Zur Analyse fragiler Staatlichkeit* ein Aufgabenkatalog erarbeitet, der die Staatsfunktionen ausfüllt (vgl. Schneckener 2004) (2.6 Indikatoren zur Messung Staatsfunktionen ausfüllender Aufgaben). Der Rückgriff auf Elemente aus dieser Forschungsrichtung gestattet es, elementare Pflichtaufgaben des Staates zu erkennen und so normativ möglichst voraussetzungsarme Gradmesser zu konzipieren.

Im Anschluss an die Definition der Instrumentarien wird der Untersuchungsgegenstand für die Analyse vorbereitet, indem historische Kernereignisse herausgearbeitet werden. Dazu wird die Geschichte des Libanon seit seiner Gründung 1920 in drei Kapitel eingeteilt. Die Einteilung folgt dabei der Ausprägung der Staatlichkeit (3.1 Die Geschichte des Libanon in drei Akten). Den Schwerpunkt des Untersuchungszeitraums bildet die dritte Phase, vom Ende des Bürgerkriegs 1990 und der sukzessiven Integration der Hisbollah in das politische System des Libanon bis zu ihrem vorläufigen Höhepunkt der Macht mit der Kabinettneubildung im

Juni 2011. Es wird kein vollständiger, konsistenter, historischer Abriss angestrebt, sondern nur die für das Werk beispielhaften Veränderungen mit weitreichenden Folgen für die Staatsfunktionen aufgezeigt. Anschließend wird die Geschichte und Organisationsstruktur der Hisbollah prägnant dargestellt (3.2 Die Partei Gottes – Ein Überblick). Die herausgearbeiteten Schlüsselereignisse werden dann im analytischen Teil in den drei Funktionskategorien inkrementell beleuchtet (4.1 Sicherheitsfunktion, 4.2 Herrschaftsfunktion, 4.3 Wohlfahrtsfunktion). Während die ersten beiden Epochen zusammenfassend hinsichtlich direkter Auswirkungen auf die Staatlichkeit in der dritten Phase untersucht werden, kommt im Schwerpunktzeitraum der Aufgabenkatalog zur Anwendung. Abschließend werden die Ergebnisse zusammengefasst, bezüglich der Fragestellung reflektiert und ein Ausblick auf die weiteren denkbaren Entwicklungen gegeben (5. Konklusion und Ausblick).

Um die eingangs gestellten Fragen befriedigend beantworten zu können, ist die Kombination der gewählten Ansätze sinnvoll. Mit dem Governance-Ansatz, aus der politischen Theorie hergeleitet, wird zuerst der Rahmen für die Prüfung geschaffen. Im Anschluss wird dieser mit der *failed states*-Forschung verknüpft, welche die expliziten Kategorien zur Erfassung der jeweiligen Performanz im empirischen Teil liefert. Andere Konzepte, wie beispielsweise *Good Governance*, welches ebenfalls Analysekriterien anbietet, stellen sich bei genauerer Betrachtung als normativ-praxeologische Ansätze heraus und stehen somit dem möglichst wertneutralen Anspruch dieser Studie zu wider. Auf diese Problematik wird noch eingegangen.

Durch das Herleiten der Staatsfunktionen, den Aufgaben und den Herausforderungen, die erst eine praktische Anpassung des Staates an die neue Umwelt und dann eine theoretische Antwort auf seine Handlungsstrategien erfordern, kann der gesamte Themenkomplex erschlossen und innerhalb dessen der Bereich der Governance-Forschung als Teilgebiet verortet werden. Diese Struktur ermöglicht es nun, Schritt für Schritt zu einem kohärenten Analyseschema zu gelangen, das auf einem soliden, theoretischen Fundament aufbaut.

Der Autor dieser Studie, die eine stark polarisierte Thematik tangiert, war bemüht, wertende Gesichtspunkte möglichst auszuklammern. Es liegt ihm fern die Handlung oder Zielsetzung einer der beteiligten Parteien zu bewerten. Die im analytischen Teil formulierten Ergebnisse evaluieren das Verhalten und die Reaktion der Untersuchungsobjekte hinsichtlich des betreffenden Indikators. Die Frage nach der Legitimität des Widerstandskampfes der Hisbollah bleibt in diesem Diskurs unberührt und die Ergebnisse sind nicht in diese Richtung zu interpretieren.

1.3 Literaturbericht

Die Quellenlage für den theoretischen Teil ist überaus umfangreich. Es werden einige in der politischen Theorie unumstrittene zentrale Autoren zur Erklärung der Genese von Staaten herangezogen, um den roten Faden für diese Schrift zu konzipieren. Die Herleitung der Staatsfunktionen folgt dabei ihrer Argumentationsweise, die als exemplarischer Abriss der geschichtlichen Entwicklung des Staatsverständnisses dient (vgl. Bevc 2007; Naßmacher 2004 & Reese-Schäfer 2007). Der heutige Wissensstand und die staatliche Praxis beruhen selbstverständlich nicht nur auf einigen wenigen Vordenkern, sondern sind das Produkt politischer, sozialer und kultureller Entwicklungen von Jahrhunderten. Mit Niccolò Machiavelli, Thomas Hobbes, John Locke, Adam Smith und Charles-Louis de Secondat (Montesquieu) wird die klassische Staatsrechtslehre Georg Jellineks (vgl. ebd. 1976) theoretisch untermauert. Bei den Entwicklungen von und den Herausforderungen an die moderne Staatlichkeit haben sich die umfassenden Herangehensweisen in den Werken von Arthur Benz (vgl. ebd. 2007 & 2008), Nicolai Dose (vgl. Benz/Dose 2010a & 2010b) und Gunnar Volke Schuppert (vgl. ebd. 2008 & 2010) für diese Publikation als unverzichtbare Basis herausgestellt. Die Beiträge von Renate Mayntz zur Governance-Forschung haben diese maßgeblich geprägt (vgl. ebd. 2005; 2007; 2008a; 2008b & 2010). Die Kategorien von Ulrich Schneckener ermöglichen die Operationalisierung im Rahmen des Governance-Ansatzes (vgl. ebd. 2004: 13f.).

Die Problematik der Voreingenommenheit spiegelt sich auch in der öffentlichen und privaten Berichterstattung hinsichtlich des empirischen Kapitels wider. Die Quellenlage für diesen Teil ist ebenfalls sehr umfangreich, doch ist die Berichterstattung aus den gleichen, oben beschriebenen Gründen unter Vorbehalt zu betrachten. Es stellte eine gewisse Schwierigkeit dar, objektive Quellen ausfindig zu machen – wobei die Objektivität wiederum vom Verständnis des Autors dieses Werkes abhängig ist. Uneingeschränkte pro- oder contra-Sichtweisen, die sich jeglicher Selbstkritik entziehen, waren keine Seltenheit. Dies berücksichtigend, sind Autoren zu nennen, die nach Ansicht des Verfassers dieser Abhandlung entscheidende Impulse für die Forschungsrichtung gaben und geben. Die Prozesse von Staatlichkeit, die der Libanon durchlief, wurden sehr gut von Markus Gerngroß herausgearbeitet (vgl. ebd. 2007). Weitere wichtige Quellen zur Lage des Landes, zur Geschichte und der Leistungserbringung des Staates waren der *Bertelsmann Transformations Index* der *Bertelsmann-Stiftung (BS)* (vgl. ebd. 2009), der Bericht zur Lage der Menschenrechte von *Amnesty International (AI)* (vgl. ebd. 2011) und der Länderbericht von *Freedom House (FH)* (vgl. ebd. 2010). Wirtschaftliche

Kerndaten lieferten die Berichte vom *Internationalen Währungsfonds (IMF)* (vgl. ebd. 2010 & 2011) und der *Weltbank (WB)* (vgl. ebd. 2011).
Hinsichtlich der Erklärung der Organisationsstruktur der Hisbollah und ihrer Rolle im libanesischen Nationalstaat sind die Beiträge von Stephan Rosiny (vgl. ebd. 2008) und August Richard Norton (vgl. ebd. 2007) hervorzuheben. Den größten Aufschluss bezüglich der Eigenwahrnehmung der Hisbollah ermöglicht Wiebke Diehl mit einer entschlüsselnden Dokumentation der Reden des Generalsekretärs der Hisbollah, Hassan Nasrallah (vgl. Diehl 2011).
Die genannten Quellen sind nur einige von sehr vielen. Der Problematik der ideologischen Befangenheit wurde versucht mit dem Rückgriff auf eine große Anzahl, nach Bewertung des Autors, wenig ideologisch aufgeladener Quellen zu begegnen. Um sich möglichst nahe an den aktuellen Geschehnissen zu orientieren, wurde in größerer Zahl auch auf Internetquellen und Tageszeitungen zurückgegriffen.

1.4 Bedeutende Begrifflichkeiten

Der Fokus des Theorieteils liegt auf der funktionellen Ebene von Staatlichkeit, nicht allein auf der Wiedergabe politischer Theorien zur Konstitution von Staaten. Der Unterschied wird deutlich bei genauerer Differenzierung der Begriffe *Staat* und *Staatlichkeit*.
In der klassischen Staatsrechtslehre wird der *Staat* nach Jellineks anerkannter Drei-Elemente-Lehre durch Staatsgebiet, Staatsvolk und Staatsgewalt charakterisiert (vgl. ebd. 1976: 394ff). Jüngere Konzeptionen erweitern und spezifizieren diese Charakterisierung (vgl. Benz 2008: 257; ebd. 2007: 339f. & Salzborn 2010: 5). Für den kennzeichnenden Untersuchungsgegenstand dieser Studie ist die formale Definition jedoch nicht hinreichend und wird daher um die materielle ergänzt, welche im Folgenden hergeleitet werden soll.
Der Begriff der *Staatlichkeit* geht weit über die Staatstrias hinaus und erfasst staatliche Strukturen, Regelungsformen und die Steuerungsfähigkeit staatlicher Institutionen hinsichtlich der Ausgestaltung und Erfüllung staatlicher Funktionen. Zudem macht Schuppert die weitreichende Anwendung deutlich, die mit *Staatlichkeit* einhergeht. Während der *Staat* vor allem politische Gebilde nach westlichem Vorbild beschreibt, bezieht sich die *Staatlichkeit* auch auf staatsähnliche Formen oder Gebilde, die per definitionem staatliche Funktionen nicht oder nicht in genügendem Maße erfüllen (vgl. Schuppert 2010: 128f.). Somit wird die gesamte Bandbreite der Formen erfasst, die Staaten in unterschiedlichen Regionen ausprägen können.

Ausgehend von dieser Begriffsklärung ist weiterhin die Unterscheidung zwischen *Staatsfunktionen* und *Staatsaufgaben* von entscheidender Bedeutung. In der Literatur werden diese Begriffe oftmals mit dem Staatszweck, den –leistungen, den –kompetenzen und anderen vermengt oder synonym gebraucht. Hier soll auf die Erklärungen von Benz und Robert I. Rotberg zurückgegriffen werden. *Staatsfunktionen* sind nach Rotberg „[…] those intangible and hard to quantify claims that citizens once made on sovereigns and now make on states […] give content to the social contract between ruler and ruled that is at the core of regime/government and citizenry interactions" (ebd. 2003: 3). Die *Staatsfunktionen* dienen also als Legitimationsgrundlage des Staates, zu deren Erfüllung er konstituiert wurde. Sie füllen den Gesellschaftsvertrag aus und sind ferner ein Abgrenzungsmerkmal des Staates von gesellschaftlichen Akteuren (vgl. Benz 2008: 123ff. & Rotberg 2003: 3).

Die *Staatsaufgaben* hingegen umfassen die konkrete Ausgestaltung der Funktionen, die Staatstätigkeit. So kann zum Beispiel die Funktion der Sicherheit die Aufgabe begründen, die Außengrenzen zu schließen und den Personen- und Güterverkehr zu kontrollieren. Während *Staatsfunktionen* also kurzfristig nicht veränderbar sind, passt sich die Staatstätigkeit zur Erfüllung dieser Funktionen den aktuellen Erfordernissen entsprechend an.

> Die Stärke des demokratischen Staates liegt darin, dass er auf Defizite in der Aufgabenerfüllung und Leistungsgrenzen reagieren kann, indem er seine Steuerungsmittel variiert oder indem er seine Aufgaben umdefiniert oder reduziert. Staatstätigkeit variiert in längerer Sicht zwischen Expansion und Reduktion, zwischen Verstaatlichung gesellschaftlicher Aufgaben und Vergesellschaftung oder Privatisierung staatlicher Aufgaben (Benz 2008: 257).

2 Ausarbeitung der theoretischen Grundlage: Von Hobbes zum Governance-Konzept und der *failed states*-Forschung

2.1 Die politiktheoretische Genese des Staates

Wenn im Folgenden die Evolution des Staates nach seinen Funktionen dargelegt wird, muss auf die Divergenz der Staatsauffassungen hingewiesen werden, da diese je nach theoretischer Sichtweise auf Gesellschaft, Macht, Herrschaft und so weiter variieren (vgl. Benz/Dose 2010a). Dennoch lässt sich mit den ausgewählten Autoren die geschichtliche Entwicklung von Staatlichkeit beschreiben, welche sich an der praktischen Anwendung theoretischer Konzepte orientiert.

Während die frühe Herrschaftsordnung auf der von Machiavelli begründeten Rationalität des Herrschers beruht und Stärke als Legitimationsgrundlage dient (vgl. Benz 2008: 13ff. & Naßmacher[3] 2004: 327ff.), schafft Hobbes' Leviathan die Grundlage für die neuzeitliche Staatsphilosophie. Er überführt den Rationalitätsgedanken in den gewaltgeprägten Naturzustand der Individuen, in der jeder gegen jeden fortwährend Krieg führt, um sein eigenes Überleben bangt und all seine Ressourcen für Verteidigungsanstrengungen aufzuwenden gezwungen ist. Die Einsicht, dass eine Welt, in der der Fleißige fürchten muss, „[...] daß [sic!] andere mit vereinten Kräften kommen, bereit, ihn zu enteignen und zu berauben, nicht nur der Früchte seiner Arbeit sondern auch seines Lebens oder seiner Freiheit" (Hobbes 1996: 103), nicht lebenswert ist und zudem jeglichen individuellen und gesellschaftlichen Fortschritt unmöglich macht, treibt den Einzelnen allein aus seinem Selbsterhaltungstrieb heraus in die Arme des Staates. Der Gesellschaftsvertrag wird geschlossen, der auf einem wechselseitigen Souveränitätsverzicht der Individuen und der Unterwerfung unter eine höhere Autorität beruht. Hobbes' Vertrag ist der erste Herrschaftsbegründungsvertrag und somit die Grundlage für eine rechtfertigungsfähige Herrschaft ab dem 16. beziehungsweise 17. Jahrhundert. Die Staatsgewalt auf einem bestimmten Gebiet wird zentralisiert und dient vorrangig der inneren sowie äußeren Friedenssicherung. (vgl. Benz 2008: 25ff., 37; Naßmacher 2004: 332ff. & Schuppert 2003: 261f.)

Mit dieser Entwicklung geht die unter anderem von Locke, Smith und Montesquieu und anderen vorangetriebene Liberalismustheorie einher. Neben die Freiheitsrechte des Individuums treten die Abwehrrechte gegenüber dem Staat, dessen funktionelle Rolle in der Anwendung, Durchsetzung und Gewährleistung einer wehrhaften Rechtsordnung erweitert

---

[3] Eine umfassende Einleitung zur Staatsphilosophie von Machiavelli, Hobbes, Locke und Montesquieu liefert Hiltrud Naßmacher (ebd. 2004).

wird – der Rechtsstaat[4] ist geboren (vgl. Naßmacher 2004: 337ff. & Schuppert 2003: 268ff.). Dieser institutionelle Rahmen ermöglicht die Entstehung eines starken Bürgertums. Wirtschaftliches Wachstum beruht fortan verstärkt auf der Gesellschaft. Diese emanzipiert sich von der staatlichen Bevormundung und fordert nach den Freiheitsrechten nun auch politische Teilhaberechte. Der handeltreibende Bürger, der Bourgeois, steigt auf zum Staatsbürger, dem Citoyen, der Rechte wie Eigentum, Freiheit und Selbstbestimmung genießt. Im Zuge der Aufklärung wird die im Absolutismus entstandene, einheitliche Staatsgewalt im entstehenden liberalen Verfassungsstaat an Regeln gebunden und die Gewalten geteilt. Durch die Entwicklung neuer Kommunikationsmittel und die Konsolidierung der Staatsgewalt entsteht eine Vereinheitlichung von Sprache, Bildung und Kultur, was sich in einem Zugehörigkeitsgefühl widerspiegelt: „Der Territorialstaat schuf die infrastrukturellen und die politischen Grundlagen für die Bildung von Nationen" (Zürn 1998: 45). In diesen Nationalstaaten soll daraufhin die breite Masse der Bevölkerung eingebunden werden. Im Laufe des 19. Jahrhunderts ergreift eine Demokratisierungswelle die europäischen Nationalstaaten, was unter anderem eine Expansion der Staatstätigkeit zur Folge hat. Der Konkurrenzdruck zwischen den zahlreichen Nationalstaaten zwingt den Staat eine aktive Wirtschaftspolitik zu verfolgen, was Wirtschaftswachstum generiert und wiederum der (militärischen) Machtstellung zugutekommt. Dies führt im Rahmen der Industrialisierung zu tiefgreifendem Wandel in den von ihr erfassten europäischen und US-amerikanischen Gesellschaften. Der rasanten Urbanisierung und der Verarmung breiter Bevölkerungsschichten versucht der Staat systematisch gegenzusteuern. Ein Mindestmaß an wirtschaftlichem Wohlstand und Sicherheit wird in dieser Zeit in den Katalog der Staatsbürgerrechte aufgenommen, auch wenn es an der Umsetzung noch lange Zeit mangelt. Durch die Etablierung sozialer Rechte entsteht der demokratische Wohlfahrtsstaat (vgl. Benz 2008: 37 & Zürn 1998: 48ff.).[5] Die Entwicklung zu diesem Staatsmodell erfährt ihren Höhepunkt nach dem Zweiten Weltkrieg: „Sie lässt sich beschreiben als ein Prozess der zunehmenden Inklusion von Gesellschaftsmitgliedern in den vom Staat erfassten Bereich [...], der Ausdehnung von Bürgerrechten [...] und der Expansion von Staatsaufgaben" (Benz 2008: 35). Da sich die Leistungserbringung des Staates immer weiter ausdehnt,

---

[4] An dieser Stelle soll auf den umfassenden Gerechtigkeits-Diskurs von Aurelius Augustinus zur zentralen Thematik über Sinn und Grenzen der Staatsgewalt hingewiesen werden. Siehe dazu Augustinus 1955.
[5] Diese grob skizzierte Entwicklung vollzieht sich nicht zeitgleich in allen europäischen Staaten, schon gar nicht außer-europäisch. In Deutschland ist die Abfolge der Entwicklungen gar umgekehrt. Reichskanzler Otto Eduard Leopold von Bismarck-Schönhausen versucht durch Zugeständnisse von sozialen Rechten die Einführung politischer Rechte zu verhindern (vgl. Zürn 1998: 50).

wird er in diesem Zusammenhang auch als Leistungs- oder Interventionsstaat[6] bezeichnet (vgl. Benz 2007: 340; ebd. 2008: 129 & Schuppert 2010: 122ff.; 140ff.). Benz ergänzt: Dieser „[...] schützt nicht nur die Freiheit seiner Bürger, sondern ermöglicht durch seine Leistungen auch deren freie Selbstverwirklichung" (ebd. 2008: 129).

An dieser Stelle ist ein erstes Zwischenfazit hinsichtlich der Entwicklung elementarer Funktionen des Staates angebracht. In seinem Entstehungsprozess gewinnt der Staat Funktionen hinzu. Während sie im 16. und 17. Jahrhundert vor allem in der Gewährleistung von Sicherheit im Rahmen der Machtstaatlichkeit besteht, vollzieht sich ab dem 18. Jahrhundert eine Ausdifferenzierung der Rechte des Einzelnen gegenüber dem Staat. Seine Herrschaft wird rechtsstaatlich begrenzt und im Rahmen des liberalen Verfassungsstaates legitimiert. Die Industrialisierung verstärkt vor allem im 19. Jahrhundert die Forderungen nach politischen Teilhaberechten und macht die Notwendigkeit staatlicher Interventionen in Wirtschaft und Sozialem deutlich. Ökonomische Wohlfahrt reiht sich als letztes Element zu den staatlichen Funktionen (vgl. Voigt 2009: 32). Bei den drei zentralen Staatsfunktionen handelt es sich somit um Sicherheit, Herrschaft und Wohlfahrt (vgl. Harbrich 2007: 9 & Schneckener 2004: 9).[7]

2.2 Definition der Staatsfunktionen

2.2.1 Sicherheit

Diese Funktion bezieht sich auf die äußere und die innere Sicherheit, welche der Staat durch sein physisches Gewaltmonopol erzeugt. Der Begriff der inneren Sicherheit umfasst alle Maßnahmen der Verhütung und der Abwehr von Kriminalität, Gewalt und sonstigen Angriffen, die (nach klassischem Verständnis) innerhalb des Staatsterritoriums das Individuum oder die öffentliche Ordnung gefährden. Durch eine Überreaktion des Staates kann sie jedoch auch durch ihn selbst bedroht werden (vgl. BPB 2003 & Golbert 2001: 14f.). Der konkrete Inhalt von Sicherheit variiert dabei zeitlich, räumlich und kulturell.

---

[6] In der Literatur wird die Entwicklung noch weiter ausdifferenziert, z.B. in Sozial-, Kultur- oder Umweltstaat. Dies sind jedoch nichts anderes als Formen des Leistungsstaates mit verschiedenen Schwerpunktsetzungen (vgl. Benz 2008: 129). Sie implizieren zu erfüllende Aufgaben, bzw. Herausforderungen, welche sich jedoch unter die Funktionen subsumieren lassen.

[7] Zürn bezeichnet sie als Staatsziele und ergänzt sie um das Identitätsziel, der Schaffung einer kollektiven Identität (vgl. ebd. 1998: 41).

Die äußere Sicherheit umfasst den Schutz des Staates durch Bedrohungen von außen. Sind es im klassischen Verständnis militärische Interventionen anderer Staaten, verändert sich die Bedrohungslage spätestens mit dem Aufkommen des transnationalen Terrorismus maßgeblich. Auch organisierte Kriminalität und Umweltkatastrophen zählen nun unter anderem zu den neuen Herausforderungen. In jüngster Zeit ist durch das Aufkommen dieser Phänomene eine Verquickung zwischen äußerer und innerer Sicherheit entstanden (vgl. Haid 2008: 32ff. & Hänggi 2010: III).

2.2.2 Herrschaft

Max Webers Definition „Herrschaft soll heißen die Chance, für einen Befehl bestimmten Inhalts bei angebbaren Personen Gehorsam zu finden […]" (ebd. 1976: 28) hat universelle Geltung erlangt. Eine „verlässliche Grundlage" (ebd. 1976: 122) kann diese jedoch nur haben, wenn sie an Legitimität gekoppelt ist. Jede Herrschaftsform versucht den Glauben an diese zu erhalten und zu stärken. Der moderne Staat leitet seine Legitimation aus demokratischen und rechtsstaatlichen Verfahren ab. Dies umfasst die politische Teilhabe, Beständigkeit politischer Institutionen und eine an Gesetze gebundene Justiz und Verwaltung (vgl. Harbrich 2007: 9).

2.2.3 Wohlfahrt

Sie zielt auf die Herstellung und Mehrung des individuellen, sowie kollektiven Wohlergehens ab, was „[…] die gesamte Staatstätigkeit auf den Feldern der Sozial- und Wirtschaftspolitik, der Beschäftigungs-, Bildungs-, Gesundheits- und Umweltpolitik sowie des Aufbaus und der Erhaltung der öffentlichen Infrastruktur" (Harbrich 2007: 9) einschließt.

Moderne Staatlichkeit wird durch die drei genannten Funktionen definiert.[8] Wie aktiv der Staat auf eben diesen funktionalen Ebenen ist, hängt ganz von dem jeweiligen Staatsverständnis ab.

---

[8] Unterlegt sind die Staatsfunktionen durch das Prinzip der Gemeinwohlorientierung, welche als die grundlegende, abstrakte Staatsfunktion beschrieben werden kann. Sie ist weder durch bestimmte Inhalte, noch Ziele begrenzt und gibt dem Gemeinwesen überhaupt erst einen Sinn. Entscheidend ist nicht, was das Gemeinwohl genau umfasst, sondern wer es bestimmt (vgl. Schuppert 2003: 215ff.). Diese „Gemeinwohl-Definitionskompetenz" ist nach Schuppert der Kampf um die Schlüsselmonopole des Staates. Bezüglich des demokratischen Rechtsstaates schließt er: „Als Gemeinwohl gilt, was im verfassungsrechtlich organisierten, kanalisierten und als freiheitlich gewährleisteten Willensbildungsprozeß [sic!] als solches beschlossen wird" (vgl. ebd. 2003: 226).

2.3 Normative Ansprüche an die Staatsaufgaben

> [...] [Die Legitimität des Staates ist] auf Dauer nur gesichert, wenn die zuständigen Akteure des Staates mit den verfügbaren Mitteln Leistungen erbringen, welche den Erwartungen der Bürger entsprechen. Der Staat muss in der Lage sein, die Aufgaben, die ihm aufgrund politischer Entscheidungen gestellt werden, auch zu erledigen (Benz 2008: 247).

Benz charakterisiert den Staat ausgehend von einem *policy*-Blickwinkel unter anderem als „[...] Aufgaben erfüllende Organisation" (ebd. 2008: 324) und stellt fest, dass es *den* Staat nicht gibt, sondern viele verschiedene Ausprägungen existieren. Dies liegt an dem Nichtvorhandensein klar definierter, anerkannter (nicht-privatisierungsfähiger) Staatsaufgaben (vgl. Schuppert 2003: 337). Verschiedene Theorien stellen normative Ansprüche. Die liberale Theorie der Staatsaufgaben betont dem Verständnis der Vertragstheoretiker folgend die Schaffung der Sicherheit und die Garantie der Freiheit des Individuums als den Aufgabenbereich des Minimalstaates. In der Policeywissenschaft wird die liberale Theorie um die Komponente der inneren Ordnungsschaffung ergänzt, was später in der Policyforschung und der Verwaltungswissenschaft weitergeführt wird. Die juristische Staatslehre versucht die Aufgaben aus der jeweiligen Verfassung abzuleiten, während die ökonomische Staatswissenschaft die Staatstätigkeit in der Schaffung der für einen freien Markt notwendigen Infrastruktur und die Korrektur der dort entstandenen Defizite sieht: Ausgleich der sozialen Kosten, eine gesellschaftliche Umverteilung, eine faire Marktordnung und eine antizyklische Wirtschaftspolitik (vgl. Benz 2008: 217ff.).[9] Was letztendlich als Staatsaufgaben betrachtet wird, als auch was deren Umfang und Grenzen betrifft, hängt von den vorherrschenden Machtverhältnissen in einer Gesellschaft und den politischen Prozessen ab. Dabei ist ausschlaggebend, welche Akteure in welchen Verfahren über die Staatstätigkeit beschließen (vgl. Benz 2008: 221). Die Erfüllung ist an eine entsprechende Mittelzuweisung gebunden.

Schlagworte wie demokratischer Verfassungsstaat, Rechts-, Verwaltungs- und Wohlfahrtsstaat implizieren eine gewisse Schwerpunktsetzung auf der Agenda der Staatstätigkeit des modernen Nationalstaates. Sie sind normativ westlich geprägt, doch das grundlegende Modell hat sich nach und nach in allen Weltregionen durchgesetzt. Die Leistungen des modernen Staates variieren in den verschiedenen Disziplinen und insbesondere zwischen den Staaten teils erheblich, selbst unter den Mitgliedsstaaten der Organisation für wirtschaftliche Zusammenarbeit und Entwicklung (OECD) ist eine große Heterogenität festzustellen (vgl. Schneckener 2004: 11).

---

[9] Siehe dazu auch Michael Zürn 1998: 40f.

2.4 Vom Leviathan zum Herrschaftsmanager

2.4.1 Herausforderungen an den Nationalstaat

In der sich stets beschleunigenden Globalisierung des 20. Jahrhunderts sind Gesellschaft, Wirtschaft und Staat umfassenden Veränderungen ausgesetzt, die sich auf lokaler, nationaler und internationaler Ebene abspielen. Sie können mit den bekannten Theorien nicht mehr befriedigend erfasst werden. Die anfänglich auf den ökonomischen Sektor beschränkte Liberalisierung und Verflechtung, die bald auf andere Handlungsfelder übergreift, ist durchaus das Ergebnis bewusster politischer Entscheidungen. Doch die Effekte entwickeln bald eine Eigendynamik und schränken die gewohnten Aktionsformen des Staates auf gewissen Feldern beträchtlich ein (vgl. Mayntz 2007: 54ff.).

Die Internationalisierung (in Europa vor allem der Prozess der Europäisierung) und Transnationalisierung gehen Hand in Hand und bringen neue, entscheidende Akteure hervor, welche sich aus der hierarchischen Ordnung lösen. Regierungen und Verwaltungen fördern den Internationalisierungsprozess, um ihren Handlungsspielraum im Sinne des *Zwei-Ebenen-Spiels* von Robert D. Putnam auszudehnen (vgl. Putnam 1988). Politische Parteien erweitern spätestens mit dem Inkrafttreten der *Einheitlichen Europäischen Akte* 1987 ihre grenzübergreifenden politischen Ziele. Transnationale Akteure wie die Führungszirkel internationaler Organisationen oder auch der Europäische Gerichtshof oder Nichtregierungsorganisationen (NGOs) und Bürokratien internationaler Dachverbände treten als Leistungserbringer jenseits des Nationalstaates verstärkt auf. (vgl. Benz 2008: 276ff. & Schuppert 2008: 20)

Dies ändert auch die Beschaffenheit der Interaktionsstrukturen. Durch die Globalisierung entwickelt sich ein Denken über Nationalstaatsgrenzen hinweg und politische Funktionsebenen verzahnen sich innen- als auch außenpolitisch. Man spricht hier von der Mehrebenen-Verflechtung, die Dependenzverhältnisse schafft. Die Internationalisierung und Privatisierung tragen zur Stärkung hierarchischer Strukturen durch die Zusammenarbeit von Regierungen auf Kosten von Legislativen und nationalen Interessengruppen bei. Zudem treten vermehrt öffentliche Sektoren miteinander in Wettbewerb, was auf den Effizienzdruck, ausgelöst durch den Standortwettbewerb, zurückzuführen ist.

Doch gewinnen in diesem Prozess auch zivile und zwischenstaatliche Akteure mit grenzübergreifenden Zielsetzungen und Organisationsstrukturen in (inter-)nationalen Entscheidungsprozessen an Einfluss, was als transnationale Politikverflechtung bezeichnet wird. Der Radius ihrer Entscheidungen beginnt sich bis weit in die Nationalstaaten hinein zu erstrecken. Beispielhaft ist die innenpolitische Mitbestimmung der Weltbank oder des Internationalen

Währungsfonds bei Kreditnehmern. Diese Entwicklungen fördern die Herausbildung von heterarchischen Verhandlungssystemen. So entsteht eine Kombination von neuen Wettbewerbs-, Verhandlungs- und Hierarchieinteraktionsformen (vgl. Benz 2008: 288ff. & Benz/Dose 2010a: 15f.). Eine klare Distinktion zwischen staatlichen und gesellschaftlichen Akteuren wird zusehends verwischt.

Die Entgrenzung beziehungsweise Deterritorialisierung führt zur Abschwächung der staatlichen Ordnungsleistung, da zum Beispiel Problemverursacher durch grenzüberschreitendes Verhalten nicht mehr so leicht zur Verantwortung gezogen werden können (vgl. Benz 2008: 291 & Mayntz 2007: 54ff.). Außerdem stellt der Prozess der Denationalisierung durch fehlende Inklusivität ein Demokratieproblem dar. Durch gestiegene Migration sind die hart erkämpften Rechte im Zuge des Aufstiegs vom Bourgeois zum Citoyen für viele Menschen nicht mehr realisiert. Sie leben und arbeiten in einem fremden Staat, genießen dort jedoch keine Staatsbürgerrechte (vgl. Benz 2008: 294). Zudem ist auf der einen Seite durch die Migration eine nachlassende Bindungskraft hinsichtlich der Identifizierung mit dem Nationalstaat zu beobachten, auf der anderen Seite gewinnen nationalistische Gegenbewegungen an Zulauf.

2.4.2 Die Veränderung der Rolle des Staates als Leistungserbringer

> Der Leviathan, der furchtlos-furchterregende, ist alt geworden. Er wird sich mit seiner Rolle als nützliches Haustier abfinden müssen (Denninger. 1990: 29).

Die zuvor dargelegten Herausforderungen an den Nationalstaat waren und sind noch immer ein Nährboden für eine umfangreiche Literatur, die den sicheren Untergang des Nationalstaates beschwören (vgl. van Creveld 1999; Denninger 1990; 2000; Ohmae 1995; 2001; Reinhard 1999; Strange 1996 & Wilke 2003). Verschiedenste Gründe, ob nun der Verlust staatlicher Monopole, der Aufstieg ökonomischer und gleichzeitige Abstieg staatlicher Akteure oder die Irrelevanz von Nationalstaatlichkeit in der globalisierten Welt, führen laut diesen Argumentationen zur Austrocknung des Staatswesens und zu seinem ‚Scheintod'.[10]

Doch steht diesen Sichtweisen eine ebenso vehemente Gegenmeinung gegenüber. Zwar ist der Staat mit umfassenden Strukturveränderungen und einer wachsenden Komplexität bei der Erfüllung seiner Aufgaben konfrontiert, jedoch sollte dies nicht mit einem Rückzug, einer Unfähigkeit zur Problembewältigung oder gar einer Existenzkrise des Staates verwechselt werden.

---

[10] Nicht gleichzusetzen ist damit die aktuell geführte Debatte einer möglicherweise notwendigen, vertieften europäischen Integration (vgl. Gabriel 2011: 2).

Zwar besteht in einigen Bereichen die Versuchung von einem Rückzug des Staates zu sprechen, da teils staatliche Aufgaben privatisiert werden. Schlagworte wie *Public-Private Partnerships*, *Contracting Out* und *Funktionale Privatisierung* fassen die neuen Kooperationsbeziehungen zwischen staatlicher und privater Sphäre zusammen. Dennoch ist ein Vormarsch des Staates zu konstatieren, da dessen Institutionen immer neue Regelungsbereiche an sich ziehen und so neue Tätigkeitsfelder schaffen, was auf das Versagen des Marktes auf verschiedenen Ebenen (zum Beispiel externe Effekte, Monopolbildung) zurückzuführen ist (vgl. Anter 2010: 7 & Benz 2008: 267).

Durch die Inter- und Transnationalisierung agiert der Staat nun in einem Interdependenzverhältnis mit anderen staatlichen und nicht-staatlichen Akteuren. Das westfälische Staatsmodell mit absoluter innerer und äußerer Souveränität kann streng genommen als obsolet betrachtet werden (vgl. Schuppert 2010: 9; 152). Zudem wird das Weber'sche Staatsverständnis[11] dadurch in Frage gestellt, dass nun zentrale Staatsaufgaben nicht mehr allein vom Staat erbracht werden. Staatlichkeit ist mittlerweile das Produkt mehrerer Produzenten. Die Privatisierung von Staatsaufgaben lässt die Erfüllung der Staatsfunktionen jedoch unangetastet:

> Von einem Funktionswandel des Staates könnte zum einen dann gesprochen werden, wenn sich bestimmte Funktionen als überflüssig erweisen oder dem Staat neue Funktionen zugeschrieben werden. Dies ist offensichtlich nicht der Fall. Die Gründe, die für die Relevanz der dem Staat zugeschriebenen Funktionen in der modernen Gesellschaft sprechen, gelten auch im Zeitalter der Globalisierung (Benz 2008: 296).

Die Leistungsverantwortung nimmt zwar ab, doch bleiben die Regulierungs- und Gewährleistungsfunktion weiterhin beim Staat. Er beschränkt sich mehr auf die Garantie von Leistungen oder erbringt sie vorzugsweise kooperativ. Er reguliert Prozesse, moderiert Verhandlungen und sichert Vereinbarungen ab. In der Literatur wird dieser Staatstypus als *enabling state*, *aktivierender Staat* oder *Gewährleistungsstaat*[12] bezeichnet (vgl. Benz 2008: 289ff.). Dieser Wandel ist kein extern oktroyierter. In Deutschland beispielsweise sucht der Staat seit den 1960er Jahren gezielt nach alternativen Steuerungsinstrumenten, um die Eigeninitiative gesellschaftlicher Akteure zur Problemlösung zu stärken und selbst handlungsfähig zu bleiben in einer sich stark wandelnden Umwelt. Der Staat geht über zu einer flexiblen Kombination von Recht, finanzpolitischer Steuerung, Informationen und Vereinbarungen. Zwangsgewalt

---

[11] In Webers Verständnis ist der Staat Monopolist in der Erbringung der Staatsaufgaben auf seinem Gebiet (vgl. Weber 1980: 822).

[12] Gert Krell bewertet den modernen Staat auch weiterhin als Interventionsstaat mit erheblichen Gestaltungsmöglichkeiten, auch wenn er bei der Gewährleistung der Staatsfunktionen das Monopol nicht mehr allein beim Staat und dies als Gefährdung für das gesamte internationale System sieht (vgl. ebd. 2011:16).

und Leistungsproduktion werden reduziert und stattdessen durch kooperative Handlungsformen ersetzt. Dies spiegelt sich auch in der Verwaltung wider, die weniger streng bürokratisch als vielmehr nach einem Managementkonzept mit größerer Autonomie handelt (vgl. Benz 2008: 307f. & Mayntz 2010: 38; 43).

Der Staat soll in erster Linie nicht mehr *leisten*, sondern *regulieren*. Es kann also nicht von einem Rückzug staatlicher Machtausübung gesprochen werden, sondern lediglich von einem Formwandel. Dieser entfaltet sich im Begriff des *Kooperativen Staates*. Der Staat koordiniert Interdependenzprobleme und agiert nicht mehr autonom, sondern überbrückt die Grenzen seiner Kontrolle durch eine Vielzahl von netzwerkähnlichen Strukturen und Verhandlungssystemen, in denen staatliche Akteure inkludiert und in solchen, in denen sie nicht beteiligt sind. Doch auch die private Selbstregulierung wird indirekt staatlich gesteuert, da sie stets unter dem Vorbehalt staatlicher Intervention steht. In diesem sogenannten *Schatten der Hierarchie* sind Akteure bestrebt sich auf eine vom Gesetzgeber gebilligte Verhandlungslösung zu einigen, bevor dieser verbindliche Regeln festsetzt (vgl. Benz 2007: 344ff. & Scharpf 1997: 197ff.). Der Kooperative Staat bedient sich somit einer konsensualen/weichen Steuerung, zieht private Akteure in die öffentliche Aufgabenerfüllung mit ein und kann somit gleichzeitig seinen Einflussbereich erweitern. Er kann heutzutage eher als Herrschaftsmanager bezeichnet werden, der allein nicht mehr das Herrschaftsmonopol ausübt, aber Macht an eine Vielzahl von Akteuren delegiert.[13]

Auf den Staat kann jedoch nicht verzichtet werden, denn er bleibt als *primus inter pares* unverzichtbare, zentrale Ordnungsmacht für eine stabile soziale, ökonomische, politische und kulturelle Entwicklung einer Gesellschaft (vgl. Anter 2010: 7; Salzborn 2010: 10 & Schneckener 2004: 6). Auch wenn der befehlende hinter den verhandelnden Staat zurücktritt, geht damit keine Einbuße staatlicher Herrschaft einher und sollte daher nicht mit Altersmüdigkeit verwechselt werden wie sie Erhard Denninger proklamiert. Der ‚alte' Staat hat sich nur gewandelt und erfüllt seine Pflichten in neuem Gewand. Rüdiger Voigt spitzt dies auf die Formel zu: „Es gibt ihn noch, den Staat; er hat sich nicht etwa mit der Globalisierung in nichts aufgelöst. Man könnte es auf die Formel bringen: Der Staat ist tot, es lebe der Staat!" (ebd. 2009: 73). Der gleiche Autor schließt:

---

[13] Durch den „Zwang zum Kompromiss" (Voigt 2009:88) kann der Staat seine Legitimation ausbauen. Verlagert sich die Rechtsetzung jedoch immer weiter in Verhandlungssysteme ohne demokratische Legitimation oder beansprucht der Staat beispielsweise sein Gewaltmonopol nicht mehr glaubhaft, kann ein Delegitimierungsprozess von Staatlichkeit eintreten (vgl. Benz 2008: 302ff. & Schuppert 2010: 170f.). Auf die Vor- und Nachteile nicht-hierarchischer Regelungsformen geht auch Mayntz ausführlich ein (vgl. ebd. 2010: 43ff.).

Der Staat ist bislang der einzig verlässliche Garant für ein funktionierendes Banken-, Wirtschafts- und Rechtssystem. Er ist sozusagen der letzte Rettungsanker für das auf hoher See treibende Schiff. Wohlstand und Freiheit der Menschen kann nur ein funktionsfähiger Staat [...] garantieren. [...] Wer, wenn nicht der Staat, soll die Menschen denn im täglichen Leben schützen? (ebd. 2009: 41).

2.4.3 Perspektivenwechsel in der Betrachtung des Staates

Der beschriebene Formwandel von Staatlichkeit schlägt sich auch in der wissenschaftlichen Betrachtung dessen nieder. Gabriel A. Almond, G. Bingham J. Powell Jr, Russel J. Dalton und Kaare Strøm verstehen die Staatsfunktionen zuallererst als Regierungsfunktionen, auch wenn sie auf den Wandel in der Erbringung dieser hinweisen. In ihrem Beitrag *Issues on Comparative Politics* in dem umfassenden Werk *Comparative Politics. A World View* in der Fassung von 2010 heißt es:

> Governments [...] have authoritative and coercive powers. Governments do many things. They can wage war or encourage peace; cultivate or restrict international trade; open their borders to the exchange of ideas and art or close them; tax their populations heavily or lightly and through different means; allocate resources for education, health, and welfare or leave such matters to others (ebd. 2010: 2).

Doch hinsichtlich der Erbringung öffentlicher Güter (Infrastruktur, Polizei, etc.) ist in der Policyforschung in den letzten Jahren eine Verschiebung bei der Steuerungsleistung, ursprünglich *governance*, festzustellen. Neben die Regierungs- beziehungsweise *government*-Zentrierung vom hierarchischen Typus, *governance by government*, tritt das Modell des kooperativen Regierens, *governance with government*. In manchen Bereichen wird gar von *governance without government* gesprochen, der Selbstorganisation ohne Zentralinstanz und ohne Regierungsbeteiligung (vgl. Schuppert 2008: 16 & Zürn 1998: 169ff.).

Während die Policyforschung beziehungsweise Politikfeldanalyse sich vornehmlich mit den Inhalten von politischen Prozessen beschäftigt und sich aus den Outputs im Feld der Öffentlichen Politik spezifische Aufgaben für bestimmte Politikfelder ableiten lassen, findet mit einem neuen Ansatz ein Perspektivenwechsel statt. Der sogenannte *Governance-Ansatz* wird auch als Radikalisierung von Elementen aus der Policyforschung und der Steuerungstheorie bezeichnet (vgl. Gawron 2010: 15). Winand Gellner und Eva-Maria Hammer argumentieren, die Vielzahl an Policystudien führte zu einer Desorientierung, an dessen Ende der neue Ansatz steht, der auch neue, nicht-staatliche Akteurskonstellationen betrachtet: „Damit geriet der unter hierarchischem Machtverdacht stehende ‚Staat' zunehmend aus dem Blickwinkel der Politikwissenschaft und überwinterte allenfalls bei Staatsrechtlern oder Staatsphilosophen" (ebd. 2010: 10).

2.5 Der Governance-Ansatz als Ergebnis und Referenzpunkt

2.5.1 Ursprung von Begriff und Forschung

In der Literatur wird der eben beschriebene Prozess hin zum kooperativen Regieren als Wandel von *government* zu *governance* beschrieben. Seinen Ursprung hat der Governance-Begriff in der Ökonomie. In der Neueren Institutionenökonomie werden neben dem Markt auch Organisations- und Regelungsstrukturen der Unternehmen und des Systems und die Koordina-tion der Marktteilnehmer als entscheidend erachtet, was als *Corporate Governance* verstanden wird. Dieses Konzept wird auf weitere Formen der Handlungskoordination erweitert. Dies ermöglicht ein Aufgreifen und Weiterentwickeln dieses Ansatzes in der Politikwissenschaft. Auf globaler Ebene setzt sich der Governance-Ansatz früher durch als auf nationalstaatlicher Ebene. Als *Global Governance* trägt er bekannten Umständen und neuen Gegebenheiten Rechnung. Er greift die internationale Anarchie auf, die zunehmende Bedeutung nicht-staatlicher Akteure, die Koordinierungstendenzen jenseits der Nationalstaaten und das Beziehungsgeflecht zwischen staatlichen und nicht-staatlichen Leistungserbringern in längst vorhandenen Netzwerkstrukturen. Auch das *Multi-Level-Governance* auf europäischer Ebene gibt der Governance-Forschung starke Impulse.

Eine normative und zugleich nationalstaatliche Ausrichtung erfährt das Governance-Konzept erstmals mit den von der Weltbank definierten *Good Governance* – Kriterien für Kredit-Empfängerländer in ihrem Bericht aus dem Jahr 1989. Durch institutionelle Reformen anhand dieser Merkmale sollen diese Länder befähigt werden, ihre Staatsfunktionen zu erfüllen (vgl. Benz/Dose 2010a: 17ff.; Gawron 2010: 14; Mayntz 2005: 44 & Schuppert 2008: 16). Dies gelingt jedoch nur in den seltensten Fällen. Nicht nur sind die Prinzipien schwer operationali-sierbar und stehen der souveränen Selbstbestimmung der betroffenen Staaten entgegen (vgl. Kaufmann et al 2005: 1; 4ff.); der westlich geprägte Wertekanon missachtet zudem oftmals die sozio-kulturellen und historischen Eigenheiten der Empfängerländer. Neben der Weltbank haben verschiedenste Organisationen ihren eigenen Normenkatalog entwickelt.[14]

Die Entwicklungsstufen des Governance-Konzepts lassen sich grob beschreiben von Planung – zu Steuerung – zu Governance. Während die Politik versucht mit dem Planungskonzept die gesellschaftlichen Felder hierarchisch und staatszentriert zu gestalten, legt die Steuerungs-theorie seit den 1970er Jahren ihren Fokus auf das zielorientierte Handeln politischer Akteure (vgl. Schuppert 2008: 19). Steuerungssubjekt und –objekt werden getrennt betrachtet. Das

---

[14] Neben den bekannten Indices der großen internationalen Regierungs- und Nicht-Regierungsorganisationen liefert der *Mo Ibrahim Index of African Governance* weniger normative Indikatoren, bezieht sich jedoch nur auf afrikanische Staaten.

Verhalten des Steuerungsobjekts soll vom Staat, der sich als Steuerungszentrum versteht, in eine bestimmte Richtung gelenkt werden. Doch kommen mit dem Stocken des Wirtschaftswachstums Zweifel an der planmäßigen Gesellschaftssteuerung und der Wirksamkeit von *top-down*-Ansätzen auf. Stattdessen gewinnen neue Kooperationsstrukturen an Bedeutung und die Idee des Kooperativen Staates wird bestärkt. Mit diesem sich neu entwickelnden Beziehungsgeflecht geht auch eine neue Aufgabenverteilung einher. Vormals staatliche Leistungen werden an nicht-staatliche Akteure delegiert und dem Staat mehr und mehr die Rolle des Gewährleisters zugewiesen. Während der Kooperative Staat die Struktur bezeichnet, stellt der Gewährleistungsstaat die Staatsaufgaben in den Vordergrund, beide sind zwei Seiten derselben Medaille (vgl. Mayntz 2008a: 43f. & ebd. 2005: 42f.). Im Moment der Beteiligung von Entscheidungsadressaten in Verhandlungsprozessen verschwindet automatisch die klare Unterscheidung zwischen Steuerungssubjekt und –objekt, die hierarchische Ordnung wird aufgebrochen, was im Governance-Ansatz untersucht werden soll. Dieser ist keine Fortentwicklung der Steuerungstheorie, sondern ein neuer analytischer Zugang und ein Perspektivenwechsel. Dieser strukturzentrierte Ansatz richtet den Blick auf Institutionen im doppelten Sinne; sowohl soziale Gebilde, als auch Normsysteme stehen in seinem Fokus (vgl. Gawron 2010: 15). Er verknüpft Elemente ganz unterschiedlicher Disziplinen.

2.5.2 Governance: Definition und Vorüberlegungen zum Analyseschema

Eine der anerkanntesten Formulierungen von Governance stammt von Renate Mayntz. Nach ihrer Definition wird der Begriff in der Politikwissenschaft „[…] zur Bezeichnung einer nicht rein hierarchischen, kooperativen Form des Regierens benutzt, bei der private korporative Akteure an der Formulierung und Implementation von Politik mitwirken […]" (ebd. 2008a: 45). Sie ergänzt, der Governance-Begriff meint „[…] die Gesamtheit der in einem Staat mit- und nebeneinander bestehenden Formen der absichtsvollen kollektiven Regelung gesellschaftlicher Sachverhalte" (ebd.: 45). Der Staat wird nicht mehr als einheitliches Handlungssubjekt verstanden, sondern als Produkt der Handlungen staatlicher und nicht-staatlicher Akteure innerhalb einer institutionellen Struktur. Damit sind die maßgeblichen Elemente bezeichnend genannt: die Abwendung von der Staatszentriertheit, das Aufkommen von nicht-rein-hierarchischen Mischformen, Kooperation, zivilgesellschaftliche Akteure und kollektive Regelung. Mayntz benutzt Governance somit als Oberbegriff für verschiedene Formen sozialer Handlungskoordination, inkludiert die regelsetzenden Institutionen und die von ihnen geschaffenen Regelsysteme (vgl. ebd. 2010: 37).[15] Andere Autoren lehnen sich an diese Definition an oder bewegen sich zumindest in ihrem Wirkungsbereich. Für Schuppert ist vor allem der „[...] Wandel im Verständnis von Regierung und Verwaltung [...]" (ebd. 2003: 396) bezeichnend. Benz betont den Wandel, und zwar der von *government* zu Governance, was sich in der Vielfalt der kollektiv Handelnden, ihrer Interaktionen und der Verflechtung zwischen Staat und Gesellschaft widerspiegelt (vgl. ebd. 2007: 342 & 2008: 276). Auch Kötter hebt die zivilgesellschaftliche Komponente hervor, merkt aber an, dass hierarchische Strukturen und Bürokratie nicht verschwinden (vgl. ebd. 4f.). Dieser breiten Definition[16], in der also alle sozialen Handlungskoordinationen aufgegriffen werden, steht ein engeres Verständnis gegenüber: Governance als Gegenbegriff zu hierarchischer Steuerung. Dies greift vor allem Claus Offe auf und wendet sich gegen die Ausweitung des Governance-Begriffs, indem er rein staatliche und rein private Regelungsstrukturen ausschließt. Er schlägt vor, das Konzept nach beiden Seiten abzugrenzen,

> [...] gegenüber der privaten und der zivilgesellschaftlichen Sphäre, in der aufgrund sozialer und rechtlicher Normen und durch Markttransaktionen eine wie immer ‚spontane' Handlungskoordination eintritt, die mit *Governance* nichts zu tun hat, und gegenüber der Sphäre des Kernbereichs der staatlichen Institutionen, für die es bei der Begrifflichkeit von *government* bleiben sollte. Denn welchen Sinn sollte es machen, Staatlichkeit als ‚Teilmenge von *Governance*' zu verstehen [...]? (Offe 2008: 64).

Governance soll ihm zufolge nur Regelungen öffentlich relevanter Sachverhalte durch nichtstaatliche Akteure umfassen. Es ist offensichtlich, dass der ‚Staatsgehalt' umso reduzierter ist, je enger der zugrundeliegende Governance-Begriff.

Um Staat und Governance nicht gegeneinander auszuspielen und um alle relevanten Kooperationsformen und Ebenen der Interaktionen erfassen zu können, soll in dieser Abhandlung das weite Verständnis aufgegriffen werden. Der Staat wird mit diesem Konzept also nicht ausgeblendet, sondern lediglich relativiert und zum Mitspieler mit Gewährleistungskompetenzen.

Die Governance-Forschung bietet umfangreiche Kriterien zur genaueren Betrachtung von Mechanismen, wie also Handlungen zusammenwirken und wie sie koordiniert werden. Zudem liefert sie einen Katalog von Governance-Strukturen, die sich von Politikfeld zu Politikfeld unterscheiden, je nachdem, ob öffentliche, private oder öffentlich-private Regelungsinstanzen dominieren und auf welcher Ebene sie angesiedelt sind. Die tiefer gehende Analyse an diesen Punkten ist in dieser Ausarbeitung jedoch nicht angestrebt und vom

---

[15] In Deutschland bezeichnete *Governance* von Beginn an nur die Regelungsstrukturen im Kooperativen Staat (vgl. Mayntz 2008a: 45).
[16] Vor allem Mayntz und Benz vertreten diese Sichtweise.

Umfang her auch nicht zu realisieren.[17] Folglich ist nur ein Mechanismus, beziehungsweise eine Form von Governance von Bedeutung, die der Konkurrenz beziehungsweise des Wettbewerbs. So kann der funktionale Antagonismus zwischen staatlichen Akteuren und der Hisbollah herausgearbeitet werden.

Die Governance-Forschung liefert kein klar abgestecktes Theoriefeld. Es geht ihr nicht um das Gelingen oder Scheitern von Regelungen, sie ist auch nicht gemeinwohlorientiert. Sie betrachtet die Mechanismen und Effekte der Handlungskoordinierung mehr oder weniger autonomer Akteure innerhalb eines bestimmten institutionellen Gefüges. Der Fokus der Betrachtung wird vergrößert. Dadurch können alle Handlungen und Interaktionen aller beteiligten Akteure und das daraus entstehende Beziehungsgeflecht bei der Erbringung bestimmter Aufgaben untersucht werden. Es bleibt festzuhalten, dass keine neuen Leistungen impliziert, sondern bereits bekannte Handlungsfelder durchleuchtet werden.

Desweiteren soll hier die „wertende Aura von Governance" (Mayntz 2008: 47) so weit wie möglich reduziert werden. Zwei der drei möglichen Koordinationsstrukturen wie sie die Governance-Forschung untersucht, die rein privaten und die staatlich-privaten, lassen sich hauptsächlich in den OECD-Staaten wiederfinden, da sie ganz bestimmte Voraussetzungen erfordern. Daher kann es zu Problemen bei der Suche nach kooperativen Governance-Formen bei *failing* oder *failed states* kommen.

Einen wichtigen Beitrag für den empirischen Teil dieser Studie liefert Kötter. Er entwickelte die Staatstrias Jellineks aus der klassischen Staatslehre weiter und passte sie an das Governance-Konzept an. Staatsgewalt, Staatsvolk und Staatsgebiet transformierte er zu Governance-Leistung, Governance-Akteure und Governance-Raum. Die Hoheitsgewalt verkörpernden Instanzen und das Staatsvolk stellen die Handelnden dar, die Leistungen produzieren und gleichzeitig Adressaten dieser sind (vgl. Kötter 2007: 10ff.). Governance-Leistungen spielen in dieser Schrift nur insofern eine Rolle, als dass sie ursprünglich staatliche Leistungen beschreiben, die von staatlichen und nicht-staatlichen Akteuren erbracht werden. Das Staatsgebiet ist dem Governance-Raum ähnlich, doch gibt er die Reichweite von Governance-Leistungen an, die „faktische Leistungseffektivität der Regelungsstrukturen" (Kötter 2007: 12). Je nach Politikfeld entstehen mehrere, sich überlappende Räume, die auch über nationalstaatliche Grenzen hinaus gehen können. Dieses Verständnis löst sich somit vom klassischen territorialen Bezug. Infolgedessen ist die Governance-Analyse in dieser Studie von akteursspezifischen und territorialen Einschränkungen befreit. Dadurch kann sie auch auf Staaten

---

[17] Die Vertiefung der Governance-Analyse an diesem Punkt findet sich in Benz/Dose 2010b: 251ff. & Mayntz 2010: 41ff.

angewandt werden, in denen staatliche Akteure die faktische Gebietshoheit über Teile ihres Territoriums verloren haben. In Räumen begrenzter Staatlichkeit sind Regierungen notgedrungen auf die Kooperation mit nicht-staatlichen Akteuren angewiesen:

> Die Schwäche von klassischer Staatlichkeit führt dazu, dass öffentlich-private Kooperationen oder rein private Governance-Formen von der Ausnahme zur Regel werden, weil sonst Governance-Leistungen gar nicht erbracht werden können. Während Public Private Partnerships auch in den westlichen entwickelten Staaten gang und gäbe sind, hier allerdings staatliches Handeln eher ergänzen statt es zu ersetzen, werden Governance-Netzwerke zwischen staatlichen und nicht-staatlichen Akteuren in Räumen begrenzter Staatlichkeit vielfach zur Regelform des Regierens, die klassische Staatsfunktionen zunehmend ersetzen (Risse 2005: 10).

Diese neuen Formen von Governance in *failing* und *failed states* können sowohl eine Lösung als auch ein Teil des Problems darstellen. Dem wird im empirischen Teil nachgegangen.

2.6 Indikatoren zur Messung Staatsfunktionen ausfüllender Aufgaben

Der erarbeitete Governance-Ansatz ist die Grundlage für die nachfolgende Analyse, da er auch die private Sphäre bei der Untersuchung von Staatsfunktionen miteinschließt. So ist die Verknüpfung zwischen libanesischem Staat und der Hisbollah über die Staatsfunktionen möglich. Diese können durch die Aufgabenerfüllung überhaupt erst realisiert werden.

Wie bereits beschrieben, existiert eine Fülle normativer Theorien der Staatsaufgaben. Sie können den Anspruch einer Allgemeingültigkeit schon aufgrund der Vielfältigkeit der Staatsformen nicht erfüllen. Daher muss nach ursprünglicheren, grundlegenderen Indikatoren gesucht werden, die niedrige Erwartungen stellen oder Wertungen implizieren. Dies ist nach intensiver Recherche nach Meinung des Autors nur mit einem Analyseschema aus der *failed states*-Forschung zu bewerkstelligen. Mit einem Schema aus dieser Fachrichtung kann fallspezifisch die Ausprägung der Indikatoren beobachtet werden, sozusagen in einer *bottom up*-Sichtweise.

Vor allem seit den Terroranschlägen 2001 wird die Forschung auf diesem Gebiet intensiviert und die Entwicklungs- und Sicherheitspolitik der westlichen Staaten nimmt die Forschungsergebnisse mit Nachdruck auf. Die akute, direkte Bedrohung von Industriestaaten und ganzen Regionen, welche von instabilen und kollabierenden Staaten und staatsähnlichen Gebilden ausgeht, wird spätestens im letzten Jahrzehnt auf drastische Weise bewusst.[18]

Schneckeners Analyseschema erfüllt in großen Teilen die Anforderungen an die Falluntersuchung. In seinem Projekt *States at Risk* stellt er den drei elementaren Staatsfunktionen konkrete Aufgabenbereiche zur Seite (vgl. Schneckener 2004: 13f.). Im Folgenden sind diese

---

[18] Zur Bedeutung fragiler Staaten für das Internationale System siehe Rotberg 2003: 23f.

nach seinem Werk frei adaptiert, an das Forschungsdesiderat angepasst und teils zusammengefasst als auch erweitert, um die Frage dieser Studie nach der Rolle der Hisbollah im libanesischen Staat möglichst präzise beantworten zu können Die Leistungserbringung auf den jeweiligen Gebieten dient als Indikator der Messung, in welchem Umfang der Staat seine Funktionen wahrnehmen kann.

Dabei ist eine Rangfolge zu beachten, denn in der Hierarchie der politischen Güter ist die Versorgung mit dem Gut Sicherheit der kritischste Punkt:

> Nation-states fail because they are convulsed by internal violence and can no longer deliver positive political goods to their inhabitants. Their governments lose legitimacy, and the very nature of the particular nation-state itself becomes illegitimate in the eyes and in the hearts of a growing plurality of its citizens (Rotberg 2003: 1).

Ist diese Kernfunktion nicht erfüllt, so ist die Erbringung der anderen beiden Staatsfunktionen kaum oder nur unter sehr erschwerten Bedingungen möglich. Konsolidierte Staatlichkeit setzt auf der anderen Seite die Herausbildung aller drei Funktionen voraus (vgl. Schneckener 2004: 12).

2.6.1 Sicherheitsfunktion

Sie umfasst das staatliche Gewaltmonopol zur Kontrolle eines bestimmten Territoriums. Umgesetzt wird dieses durch eine staatliche Verwaltung, die die Ressourcen kontrolliert. Außerdem sorgen staatliche Sicherheitskräfte für die Befriedung lokaler Konflikte und die Entwaffnung privater Gewaltakteure. Dabei muss die Ausübung des Gewaltmonopols rechtsstaatlich begrenzt sein. Der Autor legt dabei unter anderem folgende Kategorien der Messung zugrunde:

(a) Grad an Kontrolle über das gesamte Staatsgebiet

(b) Grad an Kontrolle der Außengrenzen

(c) Zahl und politische Relevanz nicht-staatlicher Gewaltakteure

(d) anhaltende oder wiederkehrende gewalttätige Konflikte

(e) Zustand des staatlichen Sicherheitsapparats

(f) Grad der Bedrohung, die von staatlichen Organen für die physische Sicherheit der Bürger ausgeht

2.6.2 Herrschaftsfunktion

In diesen Bereich fallen die „[…] politische Partizipation […], Entscheidungsprozeduren (Input-Legitimität), die Stabilität politischer Institutionen sowie die Qualität des Rechtsstaats, des Justizwesens und der öffentlichen Verwaltung" (Schneckener 2004: 13f.). Untersucht wird die Ausprägung der politischen Ordnung. Als Indikatoren dienen:

(a) Umfang politischer Freiheiten

(b) Gewährung politischer Partizipationsrechte und Ausmaß von Wahlmanipulationen

(c) Umgang mit der politischen Opposition

(d) Integration von Minderheiten

(e) Existenz schwerwiegender Menschenrechtsverletzungen

(f) Funktionsfähigkeit des politischen Systems und Zustand der öffentlichen Verwaltung

(g) Grad der Unabhängigkeit der Justiz

(h) Ausmaß von Selbstjustiz

(i) Ausmaß an Korruption und Klientelismus

(j) Akzeptanz des Regimes bzw. der politischen Ordnung

(k) Inklusion zivilgesellschaftlicher Akteure im politischen Willensbildungsprozess

2.6.3 Wohlfahrtsfunktion

Durch Staatseinnahmen wird die Staatstätigkeit finanziert. Zur Schaffung und Mehrung der Wohlfahrt ist der Staat in den Bereichen der Sozial-, Wirtschafts-, Beschäftigungs-, Bildungs-, Gesundheits- und Umweltpolitik tätig. Dies schließt auch die öffentliche Infrastruktur mit ein. Als Indikatoren werden herangezogen:

(a) Überblick über die Wirtschaftsleistung

(b) Arbeitslosigkeits- bzw. Erwerbsquote

(c) Distribution wirtschaftlicher Ressourcen auf die Gesellschaft

(d) Zustand der menschlichen Entwicklung

(e) Zustand staatlicher sozialer Sicherungssysteme

(f) Höhe der Außenverschuldung und Grad der Außenabhängigkeit

(g) Zustand der Infrastruktur und des Gesundheitswesens

Der angelegte Katalog weist Staatstätigkeiten aus, hält dabei die Akteurskonstellation aber weit offen.

3 Die Untersuchungsobjekte: Der Libanon und die Hisbollah

3.1 Die Geschichte des Libanon in drei Akten

Aufgrund seiner Geschichte bildet der Libanon einen besonders ertragreichen Forschungsgegenstand für eine Governance-Analyse. Seit der Frühzeit ist die Region, in der 1920 der Libanon in seinen heutigen Grenzen konstituiert wird, Schauplatz des Zusammentreffens verschiedenster Völker, Reiche, später Nationalstaaten und, um es auf die heutige Sichtweise zu übertragen, von Governance-Akteuren, die gezielt Einfluss auf die innenpolitische Lage des Landes nahmen und nehmen. Dieses Kapitel arbeitet die wichtigsten historischen Ereignisse ab den ersten libanesischen Parlamentswahlen 1943 und der Unabhängigkeit des Landes auf. Dabei wird die geschichtliche Entwicklung in drei Phasen gegliedert. Die politische Verfasstheit des Staates dient als Kriterium der Einteilung. Der erste Abschnitt beleuchtet den Aufstieg der Republik von der Staatsgründung bis zu ihrem Untergang mit dem Ausbruch des Bürgerkriegs. Das zweite Kapitel fasst die wichtigsten Ereignisse des Bürgerkriegs bis zu seinem Ende 1990 zusammen, als die letzten christlichen Milizen geschlagen werden. In den ersten beiden Zeiträumen werden solche Entwicklungen aufgezeigt, die direkte Auswirkungen auf die Staatlichkeit in der dritten Phase haben, welche Schwerpunkt dieses Buches ist. Sie hat die Entwicklung bis zur Gegenwart zum Gegenstand. Im Anschluss werden die wichtigsten Ereignisse mithilfe des Aufgabenkatalogs analysiert.

Nach dem Ersten Kreuzzug wird im 12. Jahrhundert von den Kreuzfahrern die christliche Grafschaft Tripolis gegründet, die große Teile des heuten libanesischen Staatsgebietes umfasst. Ende des 13. Jahrhunderts wird sie von den Mamelucken erobert und Anfang des 16. Jahrhunderts in das Osmanische Reich eingegliedert. Während der Mont Libanon, auch Kleinlibanon genannt, mehrheitlich christlich-maronitisch bewohnt ist, leben (muslimische) Drusen im südlichen Schuf-Gebirge. Doch Anfang des 19. Jahrhunderts kommt es zu Zusammenstößen zwischen Drusen und Maroniten. Daraufhin intervenieren die Osmanen und teilen das Gebiet in einen Distrikt mit drusischem und einen Distrikt mit christlichem Gouverneur. 1845 werden Räte gegründet, die die jeweiligen Glaubensgemeinschaften repräsentieren. Dies ist der Anfang der konfessionellen Spaltung, die die Gesellschaft des Libanon bis heute maßgeblich prägt. Doch die Unruhen nehmen nicht ab, sodass erst nach Interventionen Frankreichs als Schutzmacht der Maroniten ab 1860 der Mont Libanon unter die Verwaltung eines christlichen Gouverneurs gestellt wird (vgl. J. Hartmann 2011: 126f.). Bis zum Ersten Weltkrieg erlebt die autonome Provinz eine wirtschaftliche und kulturelle Blütezeit und erwirbt sich den Ruf als ‚Paris des Nahen Ostens'. Mit Beginn des Ersten Weltkriegs findet diese Zeit jedoch ein jähes Ende. Nationalbewegungen werden gnadenlos verfolgt und das Land gleitet in die Armut ab.

Nach der Niederlage der Mittelmächte im Ersten Weltkrieg besetzen die Entente-Mächte auch das Osmanische Reich und Frankreich erhält durch den Völkerbund das *Mandat für Libanon und Syrien*. Das Gebiet wird in sechs Distrikte aufgeteilt, einer davon umfasst neben dem mehrheitlich maronitisch bewohnten Libanongebirge auch muslimische Regionen und den früheren syrischen Hafen Tripoli – der Staat Groß-Libanon mit den Grenzen von heute wird am 1. September 1920 unter französischem Mandat gegründet. Am 25. Mai 1926 tritt die bis heute gültige Verfassung in Kraft und konstituiert die Libanesische Republik. (vgl. Gerngroß 2007: 146; J. Hartmann 2011: 53 & MOF 2011: 6)

3.1.1 Erste Phase: 1943 bis 1974

Im November 1943 löst die erste aus Wahlen hervorgegangene libanesische Regierung das französische Mandat einseitig auf, was wenig später von Frankreich akzeptiert wird. Der Libanon ist ein souveräner Staat. In dem zwischen den Religionsgemeinschaften vereinbarten *Nationalpakt* wird der *Konfessionalismus* zur Staatspraxis erhoben. Dieser bezeichnet die Besetzung von politischen und öffentlichen Ämtern nach einem festen Proporzschlüssel. Christen werden durch die Festlegung im Nationalpakt gegenüber Muslimen mit einer 6:5-Ratio bevorteilt. Außerdem wird vereinbart, dass der Staatspräsident und der Oberbefehlshaber der Streitkräfte immer ein maronitischer Christ, der Premierminister ein sunnitischer Muslim und der Parlamentspräsident ein schiitischer Muslim sein muss (vgl. Davis 2007: 24 & Sonni 2000: 6).

Französische Truppen ziehen 1946 endgültig aus dem Libanon ab. 1948 nehmen libanesische Truppen im *Ersten Arabisch-israelischen Krieg* gegen die Gründung des israelischen Staates teil, 1949 wird ein Waffenstillstandsabkommen mit Israel unterzeichnet.

Durch die Niederlage im Krieg, das Einsetzen palästinensischer Flüchtlingsströme in den Libanon und die Verarmung hauptsächlich der muslimischen Bevölkerungsteile gerät das labile Gleichgewicht aus dem Ruder. 1958 ereignen sich schwere Ausschreitungen zwischen pro-westlichen und pro-arabischen Anhängern, die auf Wunsch des Präsidenten eine kurze, erfolglose US-amerikanische Intervention zur Folge hat.

In den 1960er Jahren durchlebt das Land eine Periode relativer Stabilität und Prosperität, die Wirtschaft profitiert vor allem durch den Banken- und Tourismussektor. In den 1970er Jahren nehmen die palästinensischen Immigrationsbewegungen in den Libanon weiter zu, was das konfessionelle Gleichgewicht empfindlich stört. Nachdem die *Palästinensische Befreiungsorganisation (PLO)* aus Jordanien vertrieben wird, baut sie, unterstützt durch das *Kairoer Abkommen*[19] von 1969, ihre Operationsbasen im Süden[20] des Landes aus (vgl. Gerngroß 2007: 151).

Es entwickelt sich ein institutionelles Ungleichgewicht, indem sich Muslime durch die im Nationalpakt vereinbarten Regelungen nicht mehr ausreichend repräsentiert sehen. Auch sozio-politisch verschlechtert sich ihre ohnehin bereits schwierige Lage. Vor allem die im Süden lebenden Schiiten leiden unter den Flüchtlingsströmen. Doch die christlich-maronitische und konservative muslimische Elite scheut sich vor notwendigen Reformen. Sie ist bestrebt den für sie vorteilhaften Status quo zu halten. Daher sucht sie nach externen Gründen für die angespannte Situation. Die Palästinenser und die PLO werden schnell als Verantwortliche ausgemacht. Politisch manifestiert sich die Radikalisierung im Bündnis der rechtskonservativen *Kata'ib-Partei*, auch als *Phalange* bezeichnet, welche den Hauptteil der maronitischen Sammelbewegung der *Forces Libanaises* stellt. Ihr gegenüber stehen die palästinensischen Flüchtlinge, die PLO und die mit ihnen sympathisierenden libanesischen Muslime. Diese linke, auf den Umsturz der christlichen Vorherrschaft ausgerichtete Bewegung bezeichnet sich als *Movement National*. Die bedeutendsten Parteien sind die *Parti Socialiste Progressiste (PSP)*, mit hauptsächlich sunnitischen und drusischen Anhängern und die schiitische *Amal* (vgl. Gerngroß 2007: 152). Die beiden Fraktionen sind zwar auf konfessioneller Grundlage organisiert, doch hat der Konflikt vorrangig keinen konfessionellen Schwerpunkt, sondern kann auf die christlich-palästinensische Problematik zurückgeführt werden (vgl. DOS 2011 & Gerngroß 2007: 151).

3.1.2 Zweite Phase: 1975 bis 1990

Nachdem 1975 in einer christlichen Kirche Schüsse abgefeuert werden, überfallen Bewaffnete im christlich dominierten Osten von Beirut einen Bus mit Palästinensern. Der Konflikt eskaliert in einen Bürgerkrieg. Der machtlose libanesische Präsident bittet 1976 Syrien, Truppen zur Befriedung des Konflikts zu entsenden. Die syrischen Truppen intervenieren auf Seiten der maronitischen Gruppierungen. Für eine kurze Zeit entspannt sich die Lage leicht – bis zu einem Anschlag der PLO in Israel. Daraufhin marschieren im Rahmen der *Operation Litani* israelische Truppen im März 1978 in den Libanon ein und besetzen große Teile des

---

[19] 1969 unterzeichnen Yassir Arafat und der Oberbefehlshaber der libanesischen Armee, Emile Bustani, unter Vermittlung des ägyptischen Präsidenten Gamel Abdel Nasser das Kairoer Abkommen, welches die palästinensischen Flüchtlingslager unter die Verwaltung der PLO stellt (vgl. Gerngroß 2007: 151).
[20] Im Folgenden wird damit das Gebiet südlich des Litani-Flusses bezeichnet. Siehe Karten im Anhang.

Südens. In seiner Resolution 425 fordert der *UN-Sicherheitsrat (SC)* den Abzug der israelischen Truppen und die Errichtung einer Beobachtermission, der *United Nations Interim Force in Lebanon (UNIFIL)*.

Raketenanschläge auf israelisches Territorium und ein Anschlagsversuch auf den israelischen Botschafter in London führen 1982 zur Militäroperation *Frieden für Galiläa*, der zweiten Invasion israelischer Truppen in den Libanon mit dem Ziel die PLO zu vernichten, auch als *Erster Libanonkrieg*[21] bezeichnet. Weitere Ziele sind die Vertreibung syrischer Truppen aus Beirut und die Unterzeichnung eines israelisch-libanesischen Friedensabkommens. Die Truppen rücken bis Ost-Beirut vor. Im August 1982 ziehen sich nach US-Verhandlungen die syrischen Truppen und die PLO zurück. Die *Multinationale Friedenstruppe (MNF)*, bestehend aus US-amerikanischen, französischen, italienischen und britischen Truppenteilen, soll die libanesische Armee unterstützen und den Abzug der PLO überwachen. Doch die Lage lässt sich nicht stabilisieren. Einen Tag nachdem der von Israel unterstützte libanesische Staatspräsident Bachir Gemayel ermordet wird, rückt das israelische Militär nach West-Beirut ein, um die feindlichen Stellungen auszuschalten. Diese Situation nutzen die Milizen der Forces Libanaises und verüben ein Massaker an der schiitischen Bevölkerung. Bei der israelischen Offensive gegen die PLO greifen weder die syrischen, noch die libanesischen Truppen noch die Amal-Miliz ein.[22] Im gleichen Jahr wird in Reaktion auf die israelische Invasion die Hisbollah gegründet.

Unterdessen gerät die MNF immer weiter zwischen die Bürgerkriegsfronten. Bei einem Selbstmordanschlag gegen die US-Botschaft in Beirut sterben 63 Menschen. Ein Bombenanschlag gegen das US-amerikanische und französische Hauptquartier fordert 298 Menschenleben. Weitere verlustreiche Attentate folgen. Als die libanesische Armee zusammenbricht, erlangen drusische und schiitische Milizen im Süden des Landes die Vorherrschaft. Der MNF bleibt nichts anderes übrig als abzuziehen. (vgl. DOS 2011 & Gerngroß 2007: 153f.)

Im Mai 1983 rückt der Frieden in greifbare Nähe. Unter US-Vermittlung unterzeichnen US-amerikanische, israelische und libanesische Vertreter ein Friedensabkommen. Doch muslimische und syrische Widerstände darauf nehmen zu, sodass das Abkommen nicht ratifiziert wird. Im gleichen Jahr signalisiert die Amal gegenüber christlichen, pro-israelischen Gruppen Dialogbereitschaft (vgl. Diehl 2011: 43). Dies führt zur Abkehr vieler Anhänger und zur Stärkung der Hisbollah.

---

[21] Obwohl es die zweite Invasion israelischer Truppen in den Libanon ist, wird der Krieg 1982 in der Fachpresse als *Erster Libanonkrieg* bezeichnet, die dritte Invasion 2006 als *Zweiter Libanonkrieg*.

[22] Die starke Stellung der PLO wird von vielen Kräften zunehmend kritisch gesehen, sodass deren Schwächung angebracht erscheint.

Erst 1985 zieht sich das israelische Militär weitgehend zurück und errichtet an der israelisch-libanesischen Grenze eine sogenannte ‚Sicherheitszone'. Den 1.100 Quadratkilometer[23] großen Gürtel kontrolliert es gemeinsam mit der mit ihm verbündeten *Südlibanesischen Armee (SLA)*, einer christlich geführten Miliz. Durch den Rückzug verschwindet auch der Puffer zwischen den Bürgerkriegsparteien und es bricht eine neue Gewaltwelle los. Gleichzeitig kommt es zum Bruch im Movement National. Die Amal-Miliz sieht in der Präsenz hunderttausender Palästinenser den Hauptgrund für den Konflikt und die Lösung dessen in ihrer Vertreibung. Im sogenannten ‚Lagerkrieg' kommt es in der Folge zu Kämpfen zwischen schiitischen Amal-Milizen und palästinensischen, linksradikalen und drusischen Kämpfern. 1988 schaltet sich die bisher neutral gebliebene Hisbollah in den Konflikt ein und ergreift Partei für die Palästinenser: der ‚Bruderkrieg' gegen die Amal beginnt.

Als Premier Rashid Abdul Hamid Karami 1987 einem Attentat zum Opfer fällt, leitet der prosyrische Außenminister Selim al-Hoss kommissarisch die Regierungsgeschäfte. Für das Amt des scheidenden Staatspräsident Amin Gemayel können sich die Bevölkerungsgruppen auf keinen Nachfolger einigen. Als letzte Amtshandlung setzt Gemayel die Regierung Hoss jedoch kurze Zeit später ab und ernennt General Michel Aoun, einen Maroniten, zum Premier. Da der Präsident damit gegen die im Nationalpakt vereinbarte konfessionelle Aufteilung der Posten verstößt, bilden muslimische Gruppierungen in West-Beirut eine Gegenregierung. Hoss regiert den von muslimischen Milizen und syrischen Truppen kontrollierten Teil des Landes, Aoun das christliche Kernland. (vgl. Barak 2003: 322f; DOS 2011 & Gerngroß 2007: 156ff.)

Im Jahr 1989 startet Aoun eine Offensive gegen die rivalisierenden libanesischen Milizen und die syrischen Truppen. Unterstützt wird er dabei von der PLO und dem Irak. Die muslimische Seite hat sich mit den Forces Libanaises und den syrischen Truppen verbündet und wird zudem vom Iran unterstützt.[24] Die drohende Spaltung des Landes führt im gleichen Jahr zum *Abkommen von Ta'if* und der Wahl eines neuen Staatspräsidenten durch das Parlament im saudischen Exil. Doch Renee Muawwad wird wenig später ermordet. Sein Nachfolger Elyas Hrawi setzt Aoun von der Führungsspitze des Heeres ab und unterschreibt die im Ta'if-Abkommen beschlossenen Änderungen der Verfassung. Doch das tatsächliche Ende des Kriegs im Libanon ist mit dem Ende des Kalten Kriegs und dem Beginn des *Zweiten Golfkriegs* verknüpft. Syriens Handlungsspielraum erweitert sich entscheidend, als sich die USA gegen den Irak auf die syrische Seite stellen und Damaskus freie Hand im Libanon lassen

---

[23] Die Größe des Gebiets variiert im Laufe des Konflikts bis zum Abzug der Truppen im Jahr 2000.
[24] Nach dem Ende des *Ersten Golfkriegs* 1988 beliefert der Irak anti-syrische Kräfte im Libanon mit Waffen, der Iran unterstützt pro-iranische Milizen seit einiger Zeit finanziell und materiell.

(vgl. Kropf 2007: 81f.). Im Oktober 1990 marschieren libanesische und syrische Truppen in die östlichen Landesteile ein und zwingen Aoun zur Kapitulation (vgl. Sinno 2000: 12). Dies markiert das Ende des Bürgerkriegs. Der 16 Jahre dauernde Konflikt kostet insgesamt mindestens 100.000 Menschenleben, mindestens 100.000 Menschen werden verwundet, 900.000 flüchten vorübergehend, 500.000 emigrieren dauerhaft und 17.000 Menschen gelten bis heute als vermisst (vgl. AA 2011d; BS 2009: 26 & DOS 2011).[25] Politische und wirtschaftliche Strukturen werden nachhaltig beschädigt.

3.1.3 Dritte Phase: 1991 bis 2011

Die von der *Arabischen Liga* initiierte Zusammenkunft der libanesischen Abgeordneten im saudi-arabischen Ta'if handelt 1989 das *Dokument der Nationalen Verständigung*, meist nur als Abkommen von Ta'if bezeichnet, aus (vgl. Kropf 2007: 91). Es soll den politischen Konfessionalismus abschaffen. Bis es dazu kommt, soll die Staatsgewalt zwischen den mächtigsten Gruppierungen gerechter verteilt werden. Dazu wird die Quotenregelung für Repräsentation und Ämtervergabe zwischen Christen und Muslimen auf eine 1:1-Parität angepasst (vgl. Azar 2007: 204). Konsens im Kabinett wird zum Regierungsprinzip erhoben. Die im Nationalpakt ausgehandelte Verteilung der drei staatlichen Spitzenposten besteht unverändert fort, doch werden die Kompetenzen des maronitischen Staatspräsidenten zum Vorteil des sunnitischen Ministerpräsidenten und des schiitischen Parlamentssprechers beschnitten. Die Streitkräfte werden der Regierung unterstellt, so wie die Entscheidung über Krieg und Frieden. Rechtsstaatliche Institutionen sollen gestärkt, die effektive Hoheitsgewalt über das gesamte Staatsgebiet wiedererlangt und die Milizen entwaffnet werden. Zudem werden besonders enge Beziehungen mit Syrien festgeschrieben. Es dürfen keine Abkommen geschlossen werden, die den Nachbarstaat benachteiligen. Die Präsenz syrischer Streitkräfte im Land wird gestattet. (vgl. Barak 2003: 324ff.; BS 2009: 3 & DOS 2011)

Ende 1990 wird die Regierung der nationalen Versöhnung gebildet und mit der Entwaffnung der Milizen begonnen, mit Ausnahme der schiitischen Hisbollah und der palästinensischen Widerstandsgruppen. Das Kairoer Abkommen wird annulliert.

1991 wird das Amnestie-Gesetz für alle politischen Verbrechen, die sich vor dem Beschlussdatum ereigneten, verabschiedet.

---

[25] Die Zahlen schwanken teils erheblich. So spricht Alfred Hackensberger von über 150.000 Toten und 350.000 Verletzten (vgl. ebd. 2005 & Kropf 2007: 93), Oren Barak von 144.240 Toten, 197.506 Verwundeten und 3.1 Mio. Flüchtlingen (ebd. 2003: 308).

Aus den ersten Wahlen seit Ausbruch des Bürgerkrieges geht der sunnitische Milliardär Rafiq Baha'eddin al-Hariri 1992 als klarer Sieger hervor. Auch die extremistische Hisbollah nimmt an den Wahlen teil. Das Land durchlebt in den folgenden Jahren einen wirtschaftlichen Aufstieg.

Doch schon 1993 kommt es wieder zu einer israelischen Militäroperation. Die Unternehmung *Verantwortlichkeit* ist eine Reaktion auf vorausgegangene Raketenangriffe der Hisbollah auf nordisraelische Dörfer. Bei der einwöchigen Operation werden die Infrastruktur stark beschädigt und weit über 130 Menschen getötet. Hunderttausende Menschen sind auf der Flucht.

Eine weitere, folgenreiche israelische Operation findet 1996 statt. *Früchte des Zorns* verfolgt ähnliche Ziele wie die Vorgängeraktion. Auch nun wird wieder die libanesische Infrastruktur bombardiert, hunderttausende Menschen flüchten und weit mehr als 100 Zivilisten kommen zu Tode. (vgl. Chomsky 2003: 157; 159; 164 & 194)

Im Mai 2000 ziehen sich unilateral alle israelischen Truppenverbände aus der im Süden des Libanon eingerichteten ‚Sicherheitszone' zurück. Die mit der israelischen Armee verbündete SLA kollabiert und mehr als 6000 Angehörige der Miliz fliehen mit ihren Familien ins Ausland. Die Verbliebenen werden von libanesischen Sicherheitskräften verhaftet und zu Freiheitsstrafen verurteilt. Im gleichen Jahr entführt die Hisbollah drei israelische Soldaten. (vgl. DOS 2011)

Im Jahr 2004 steht der Libanon erneut im Fokus der Weltöffentlichkeit. Es kommt zu einer Regierungskrise, als der amtierende Staatspräsident Émile Geamil Lahoud verfassungswidrig vom Parlament für weitere drei Jahre ernannt wird. Premier R. Hariri ist strikt gegen die Verlängerung der Amtszeit, welche vor allem durch massiven syrischen Druck zustande kommt. Doch sein anti-syrischer Block kann sich auf keinen Kandidaten einigen. In der angespannten Situation nehmen die Anschläge auf Politiker, Militärangehörige und Journalisten stark zu. Ziele sind vor allem Angehörige des Hariri-Lagers. So fällt bereits Mitte 2004 Marwan Hamade, Telekommunikationsminister, einem Anschlag zum Opfer, Verteidigungsminister Elias Murr überlebt einen Attentatsversuch nur knapp. Der UN-Sicherheitsrat verabschiedet daraufhin die Resolution 1559, in der es den Abzug aller ausländischen Truppen aus dem Libanon, die Entwaffnung aller Milizen, den Ausbau der libanesischen Armee und freie und faire Präsidentschaftswahlen fordert (vgl. Norton 2007: 482). Im Oktober 2004 tritt R. Hariri aus Protest zurück. Er hat das Land mit nur einer Unterbrechung seit 1992 regiert. Zu seinem Nachfolger wird der pro-syrische Politiker Omar Abdul Hamid Karami ernannt.

Bei einem Bombenanschlag am 14. Februar 2005 kommen R. Hariri und 22 weitere Menschen ums Leben. Der Anschlag löst eine landesweite anti-syrische Protestwelle aus, die auch als *Zedernrevolution* bekannt ist. Die Demonstranten fordern den Abzug der syrischen Truppen, die Einrichtung einer internationalen Kommission zur Untersuchung des Anschlags auf R. Hariri und Neuwahlen. Die Proteste haben Erfolg. Karami tritt aufgrund des öffentlichen Drucks zurück. Die libanesische Regierung bittet die *Vereinten Nationen* um die Einrichtung einer unabhängigen Kommission zur Prüfung der Vorfälle. Erste Ermittlungen werden bereits im März aufgenommen. Bis Ende April ziehen sich die syrischen Einheiten aus dem Libanon zurück. Der anti-syrische Block vereint sich in der *Koalition des 14. März* und umfasst vor allem sunnitische, drusische und christliche Gruppierungen. Zu ihrem Pendant bildet sich die pro-syrische *Koalition des 8. März*, welche sich als Antwort auf die Zedernrevolution zu Syrien bekennt und schiitische Gruppierungen wie die Amal und die Hisbollah mit einschließt (vgl. Norton 2007: 485).

Die Serie von Morden und Bombenanschlägen reißt auch danach nicht ab. Zu den prominentesten Opfern zählen Gebrane Tueni, Parlamentarier und Herausgeber der größten Zeitung im Libanon, Industrieminister Pierre Gemayel, Parlamentarier und Parteivorsitzender der Zukunftspartei Walid Eido, Parlamentarier Antoine Ghanem, Brigadegeneral Francois el-Hajj, Kapitän der *Internen Sicherheitskräfte* Wissam Eid und Parlamentarier und Parteigründer der Demokratischen Partei *Saleh Aridi* (vgl. MOF 2011: 7f.). Bei den Parlamentswahlen von Mai bis Juni erreicht die anti-syrische Fraktion die Parlamentsmehrheit und kann Fuad Siniora, einen Vertrauten R. Hariris, als Premierminister stellen. Die Koalition des 8. März entsendet fünf Minister in das neue Kabinett.

Lange Zeit bleibt die Lage relativ ruhig, doch sowohl Israel als auch die Hisbollah verletzen wiederholt die *Blaue Linie*, welche als Demarkationslinie zwischen Israel und dem Libanon von der UNIFIL überwacht wird.

Am 12. Juli 2006 überfallen Hisbollah-Kämpfer israelische Soldaten auf israelischem Territorium, töten drei von ihnen und verschleppen zwei weitere. Israel startet die groß angelegte Militäroffensive *Gerechter Lohn/Richtungswechsel*, die dritte Invasion. Im Laufe der 34-tägigen Kämpfe bombardiert die israelische Luftwaffe Ziele in ganz Libanon, vor allem im Süden des Landes. Auch Bodentruppen rücken in den Süden ein und liefern sich heftige Gefechte mit Hisbollah-Kämpfern. Die Hisbollah feuert weiter *Katjuscha*-Raketen auf Ziele bis zu 40 Kilometer im israelischen Landesinneren. Die israelische Armee setzt eine Luft- und Seeblockade des Libanon durch. Bis zur Unterzeichnung eines Waffenstillstands-Abkommens am 14. August feuert die Hisbollah circa 3.800 Raketen ab, die israelische

Luftwaffe greift mehr als 7.000 Ziele an. Hinzu kommen weitere Angriffe durch die Bodentruppen und die israelische Marine (vgl. Schäuble/Flug 2008 & Ronnefeldt 2006: 10). Während der relativ kurzen Auseinandersetzungen kommen 119 israelische Soldaten, 43 israelische Zivilisten und zwischen 250 und 500 Hisbollah-Kämpfer ums Leben (vgl. Tran 2008). Doch die meisten Opfer hat die libanesische Zivilbevölkerung zu beklagen. Mehr als 1.100 werden getötet, weit über 3.000 verletzt, knapp eine Million Menschen sind auf der Flucht und Hunderttausende obdachlos (vgl. DOS 2011; Ronnefeldt 2006: 10 & Süddeutsche.de 2006). Die Schäden an der Infrastruktur sind immens.

UN-Resolution 1701 sieht neben dem Waffenstillstandsabkommen den Abzug der israelischen Truppen, das Ende der Luft- und Seeblockade, die Entwaffnung der Hisbollah und ein Ende nicht autorisierter Waffenlieferungen in den Libanon vor. Umgesetzt werden soll sie durch eine Aufstockung der UNIFIL-Truppen auf bis zu 15.000 Mann[26] und der Umwandlung des Mandats in eine bewaffnete Blauhelm-Mission. Die libanesische Armee wird zudem das erste Mal seit 30 Jahren im Südlibanon stationiert. Ihre Truppenstärke beträgt 15.000 Mann (vgl. DOS 2011 & MOF 2011: 9).

Im Dezember 2006 treten die Minister der Hisbollah und der Amal wegen den Plänen der Regierung zurück, ein Tribunal zur Untersuchung des Mordes an R. Hariri einzurichten. Die Hisbollah organisiert groß angelegte Streiks. Bei Zusammenstößen zwischen Anhängern der Regierung und der Opposition gibt es Tote und Verletzte. Die Opposition bezeichnet die Regierung als illegitim und organisiert einen Sitzstreik, der 18 Monate andauern wird. Ende Mai 2007 wird das *Sondertribunal für den Libanon (STL)* mit der UN-Resolution 1757 beschlossen.

Die libanesische Armee ist unterdessen im Süden verstärkt aktiv und im Mai 2007 kommt es zu Kämpfen mit der radikal-sunnitischen Miliz *Fatah al-Islam* im palästinensischen Flüchtlingslager Nahr al-Bared. Die Kämpfe dauern drei-ein-halb Monate an und resultieren im Tod von 160 Soldaten, 200 Milizionären und der nahezu kompletten Zerstörung des Lagers. 30.000 Flüchtlinge werden vertrieben (vgl. DOS 2011). Die Lage im Land ist weiterhin angespannt. Im Juni sterben sechs spanische Soldaten der UNIFIL-Schutztruppe bei einem Autobombenanschlag. Als die Amtszeit von Präsident Lahoud ausläuft, kommt aufgrund der *Deadlock*-Situation im libanesischen Kabinett und im Parlament keine notwendige Mehrheit für einen Nachfolger zustande. Das Amt bleibt vakant.

---

[26] Diese Truppenstärke wird jedoch nie erreicht. Zurzeit befinden sich 12.304 Soldaten und einige Hundert zivile Mitarbeiter im Libanon (vgl. UNIFIL 2011).

Die internen Spannungen entladen sich erneut, als die Regierung im Mai 2008 ankündigt, den Fernsehsender der Hisbollah zu schließen und den Sicherheitschef des Beiruter Flughafens abzubestellen, da ihm zu enge Kontakte mit der Partei nachgesagt werden. Es kommt erneut zu Straßenschlachten zwischen den beiden dominierenden Blöcken. Auch als die Hisbollah gewaltsam die Kontrolle über West-Beirut übernimmt, schreitet die Armee nicht ein. Die Hisbollah übergibt ihr jedoch die eroberten Stellungen. Unter Vermittlung der Arabischen Liga wird von beiden Seiten das *Abkommen von Doha* unterzeichnet, welches eine sofortige Waffenruhe, Armeechef Michel Suleiman als Kompromisskandidaten für die Präsidentschaftswahl, ein reformiertes Wahlgesetz für die Parlamentswahlen 2009 und die Bildung einer nationalen Einheitsregierung vorsieht. Der Konflikt kostet 81 Menschenleben, mehr als 200 Menschen werden verletzt. Die Beschlüsse gegen die Hisbollah werden zurückgenommen. Nach 18 Monaten tritt das Parlament erstmals wieder zusammen, eine Einheitsregierung wird gebildet und Suleiman zum Präsidenten gewählt. Sein Amt ist sechs Monate vakant geblieben. (vgl. Dingel 2008: 1ff.; DOS 2011 & MOF 2011: 11f.)

Ende 2008 nehmen Syrien und der Libanon erstmals offiziell diplomatische Kontakte auf. Doch die Lage ist angespannt. Nach Bombenanschlägen in Damaskus und Tripoli, verübt von militanten Sunniten, zieht das syrische Militär an der Grenze zum Libanon Truppen zusammen und warnt vor einer Intervention für den Fall, dass das Land die Lage nicht mehr kontrollieren kann.

Am 1. März 2009 nimmt das STL seine Arbeit auf. Bei den Parlamentswahlen im Juni 2009 erringt das pro-westliche Bündnis der Koalition des 14. März die meisten Stimmen. Saadedine Rafīq al-Harīrī, Sohn des 2005 umgekommenen R. Hariri, wird zum Ministerpräsidenten gewählt. Sein Bündnis stellt 15, die Opposition zehn und der Präsident fünf Minister im Kabinett (vgl. Leukefeld 2009). Die internationalen Forderungen nach einer Entwaffnung aller Milizen, gefordert in UN-Resolution 1559, weist die Regierung zurück und beruft sich auf ihre innere Souveränität. Der Hisbollah wird der Status einer anerkannten Widerstandsgruppe zugesprochen, was ihr eine besondere Stellung einräumt.

Als sich Premierminister S. Hariri am 12. Januar 2011 mit dem US-amerikanischen Präsidenten in Washington trifft, zieht die Opposition all ihre Minister aus dem Kabinett zurück und erzwingt so das Ende der Regierung. Sie will forcieren, die libanesische Unterstützung für das STL zurückzunehmen. Es kommt zu einer Regierungskrise, da der Führer der drusischen PSP in die Opposition wechselt. Sobald mindestens ein Drittel des Kabinetts zurücktritt, gilt es als aufgelöst. Die Nationalversammlung wählt Nadschib Miqati noch im Januar zum neuen Premierminister (vgl. MOF 2011: 18 & Salem 2011). Doch die Regierungsbildung erweist sich als äußerst langwierig. Erst nach fünf Monaten stellt Miqati sein neues Kabinett vor, in dem erstmals die Hisbollah und ihre Verbündeten 18 der 30 Sitze innehaben (vgl. Gehlen 2011 & MSNBC 2011). Die innen- und außenpolitischen Spannungen nehmen unterdessen zu. Die Koalition des 14. März bezeichnet den Austritt der Oppositionsminister als Staatsstreich und fordert die Entwaffnung der Hisbollah. Im Mai werden neun libanesische Demonstranten an der israelischen Grenze von israelischen Soldaten erschossen. Die UNIFIL-Truppen sind wieder vermehrt Ziele von Angriffen, im Mai werden sechs italienische und im Juli fünf französische Blauhelm-Soldaten verletzt. Im August ereignet sich erneut ein kurzes Gefecht zwischen der israelischen und der libanesischen Armee (vgl. Spiegel Online 2011). Zu internen, teils schweren Gefechten kommt es in der libanesisch-syrischen Grenzregion zwischen pro- und anti-syrischen Gruppierungen. Ausländer werden immer wieder Opfer von Entführungen.

Die im August vom STL ausgestellten Haftbefehle gegen vier Angehörige der Hisbollah werden nicht vollstreckt; laut libanesischem Generalstaatsanwalt sind die Männer nicht auffindbar. Hisbollah-Generalsekretär Nasrallah nennt das STL ein Werkzeug des Westens, dem sich seine Organisation nie beugen werde, beschuldigt Israel in dem Mord R. Hariris verwickelt zu sein und droht mit Gewalt, für den Fall, dass versucht werden sollte, die Haftbefehle zu vollziehen. (vgl. Zeit Online 2011; Picali 2011 & Wimmen 2010b)

Heute leben im Libanon zwischen 3,8 und 4,3 Millionen Menschen, von denen ungefähr 96 Prozent über die libanesische Staatsbürgerschaft verfügen (Kurzbesucher, Gastarbeiter und Flüchtlinge exklusive). Zwischen 250.000 und 400.000 palästinensische Flüchtlinge befinden sich im Land. Fast die Hälfte der Gesamtbevölkerung ist im Ballungsraum von Beirut angesiedelt. Die demographische Verteilung zeigt einen hohen Anteil junger Menschen: 34,3 Prozent sind jünger als 20 Jahre. Es wird geschätzt, dass zwölf bis 15 Millionen Libanesen im Ausland leben. (vgl. BS 2009: 2; 7; FAZ.net 2010 & MOF 2011: 5)

Ethnisch setzt sich die Bevölkerung aus 95 Prozent Arabern, vier Prozent Armeniern und einem Prozent Menschen mit anderer Abstammung zusammen. Die vorherrschende Religion ist der Islam, dem mehr als 58 Prozent der Bevölkerung angehören. Sunniten und Schiiten bilden davon mit jeweils circa 26,4 Prozent ungefähr gleich große Glaubensgemeinschaften. Eine weitere wichtige Gruppe stellen die Drusen mit knapp fünf Prozent[27]. Die wichtigsten

---

[27] Da sich die Lehre der Drusen aus der Ismaeli-Tradition innerhalb des Islam herausbildet, wird sie teils als Religionsgemeinschaft innerhalb des Islam verstanden. Andere sprechen ihr einen eigenen Religionscharakter zu (vgl. Aras et al. 2009: 22 & Ashour 2004: 20).

christlichen Gruppierungen sind zu 20,26 Prozent maronitisch, zu 8,32 Prozent rum-orthodox und zu 5,7 Prozent griechisch-katholisch. (vgl. AI 2011: 205 & Ashour 2004: 20)

3.2 Die Partei Gottes – Ein Überblick

> Für kaum eine islamistische Bewegung finden sich so gegensätzliche Zuschreibungen wie für die schiitische Hisbollah im Libanon. Für die einen ist sie eine von Iran und Syrien ferngesteuerte, islamo-faschistische Terrororganisation, für andere eine nationallibanesische Befreiungsbewegung. Manche werfen ihr vor, einen ‚Staat im Staate' errichtet zu haben und die Autorität der legitimen libanesischen Regierung zu untergraben. Andere wenden ein, sie sei eine zivilgesellschaftliche Entwicklungsorganisation, die sich angesichts der militärischen Schwäche und sozialen Ignoranz des libanesischen Staates um die vernachlässigten, vorwiegend von Schiiten bewohnten peripheren Regionen des Landes kümmere (Rosiny 2008: 28).

Damit umreißt Rosiny das ganze Spektrum der kontroversen Perzeptionen über die Hisbollah. Schon an diesem Punkt der Studie steht außer Frage: Die Hisbollah spielt eine entscheidende Rolle im Libanon. Bevor ihre Funktionen im libanesischen Staat genauer betrachtet werden, soll sie nun in ihren Grundzügen beschrieben werden. Dies ist essentiell, um das Selbstverständnis dieser Organisation, ihre Handlungen und Ziele einordnen zu können.

Die Hisbollah, im deutschsprachigen Raum auch *Hizbollah, Hizbullah* oder *Hezbollah* geschrieben, leitet sich aus dem Arabischen *hizb ullah* ab und bedeutet übersetzt *Partei Gottes* (vgl. Rosiny 2008: 28). Sie ist eine schiitische Organisation mit nahezu ausschließlich schiitischen Mitgliedern, doch nach außen offen für Angehörige aller Konfessionen. In diesem Zusammenhang ist es für das weitere Selbstverständnis der Hisbollah angebracht, auf einen Unterschied zwischen Glaubensrichtungen der Schiiten und Sunniten hinzuweisen. Die schiitischen Konfessionsgruppen haben (in der Mehrheit der Fälle) aufgrund ihrer historischen Erfahrung keine festgelegte Vorstellung von einem ‚idealen' islamischen Staat. Sie sind daher gegenüber neuen Politik- und Kooperationsformen offener eingestellt als Sunniten, beziehungsweise sunnitische Salafisten, wie zum Beispiel der *al-Qaida*, den im eigentlichen Sinne fundamentalistischen Islamisten. Sie zielen auf die Wiederherstellung des Status quo ante der Gesellschaftsordnung des frühen Kalifats. Schiiten können in dieser Hinsicht als ‚modernere' Muslime bezeichnet werden. Ihnen müssen sich Gottes Regeln rational erschließen, was Kritik und Vielfalt in begrenztem Rahmen zulässt (vgl. Rosiny 2008: 33f.).

Die Hisbollah wird 1982 als Reaktion auf die zweite Libanoninvasion Israels gegründet. Vom Iran entsandte Revolutionsgardisten, die *Pasdaran*, sind in dieser kritischen Situation im Libanon als unterstützende Kräfte willkommen und haben in ihrem Bemühen eine neue Widerstandsbewegung aufzubauen großen Zulauf. Sayyid Abbas al-Musawi, vormals zweithöchster Führer der Amal[28] und viele weitere ehemalige Anhänger brechen mit der Organisation, als diese mit christlichen, pro-israelischen Gruppierungen Verhandlungen aufnimmt. Auch Mitglieder aus anderen Bewegungen, wie des *Islamischen Jihad* stoßen zu der neuen Gruppierung. Der Iran unterstützt den Aufbau nicht nur materiell, sondern auch ideologisch. Der Führungskader wird vor allem im Irak und Iran ausgebildet und durch die Einflüsse Mohammed Baqir al-Sadrs, Muhsin al-Hakims und Ruhollah Musavi Khomeinis ideologisch indoktriniert. Die iranische Revolution spielt eine wichtige Rolle im Kampf gegen den scheinbar übermächtigen Feind. Zusätzlich unterstützt der einflussreichste schiitische Geistliche im Libanon, Scheich Muhammad Hussein Fadlallah, die Organisation. (vgl. Aras et al.: 25; CFR 2010; Diehl 2011: 43; Norton 2007: 476f. Philipp 2011 & Rosiny 2008: 28f.)

Die Gründung der Hisbollah ist unter diesen Umständen nur konsequent:

> Hezbollah's emergence as a guerrilla movement was not only due to the 1982 Israeli invasion of Lebanon and Western, Syrian and Iranian interventions in the country, but also to the general Lebanese Shia community's political mobilisation that started back in the 1960 (Pioppi 2008: 13).

Erstmals tritt die Organisation 1985 öffentlich durch die Publikation ihres *Offenen Briefes* in Erscheinung. Vor allem Mussawi macht die Untergrundbewegung zu einer proletarischen Partei mit islamischem Manifest. Die Kernziele umfassen die Auslöschung Israels, ein Ende der Kontrolle externer Mächte und den Zusammenschluss aller Muslime und Unterdrückten in diesem Kampf. Diese Ziele sollen sich in der Schaffung eines islamischen Staates nach iranischem Vorbild vereinen, nachdem die bestehende politische Ordnung gestürzt wurde. Dies soll jedoch ohne Gewalt, sondern nur nach Zustimmung von mindestens 90 Prozent der Bevölkerung geschehen (vgl. Diehl 2011: 44).

Mit dem Ta'if-Abkommen vollzieht sich eine Wende in der Zielsetzung der Partei. Als sie nach der Zustimmung Khameneis an den Parlamentswahlen teilnimmt, zeigt sich, dass nun offenbar nicht mehr der offensive Umsturz, sondern der Wandel von innen heraus angestrebt wird. Ende 2009 wird der Offene Brief von einem neuen politischen Manifest ersetzt, in dem sich dieser Wandel verdeutlicht. Zwar wird weiterhin der Kampf gegen Israel[29] und die USA erwähnt, aber nicht mehr der politische Umsturz. Dieser scheint unwahrscheinlich, da sich auch die Mehrheit der Schiiten gegen die Errichtung eines Gottesstaates ausspricht (vgl. Diehl 2011: 87 & Pioppi 2008: 13).[30]

---

[28] Zu dieser Zeit wird die Amal von Syrien unterstützt (vgl. Aras et al. 2009: 25).
[29] Der Kampf der Hisbollah richtet sich ausschließlich gegen den Zionismus, nicht gegen das Judentum im Allgemeinen (vgl. Diehl 2011: 150).
[30] Nicht nur die Glaubensgemeinschaften der Sunniten, Christen und Drusen, auch ein signifikanter Anteil der Schiiten selbst weisen diese Idee zurück (vgl. Pioppi 2011: 13).

Die Anhänger des Islam sehen in diesem die Lösung aller sozialen, gesellschaftlichen und politischen Probleme. Zudem wird die historische Leidensgeschichte der stets benachteiligten, von Rechten ausgeschlossenen, von inneren und äußeren Gegnern bedrohten Schiiten zum Grundbaustein einer Weltanschauung, die diese Erfahrungen, religiöse Pflichten des Widerstandes und gemeinschaftliche Dienste miteinander verwebt. Dies verstärkt die Hisbollah mit der Kultivierung eines Freund-Feind-Denkens, durch die Einteilung der Welt in ‚gut' und ‚böse', in Unterdrückte und Unterdrücker. Der Kampf gegen die Feinde wird mit dem spirituellen Auftrag des Dschihad als religiöse Pflicht eines jeden Muslimen verstanden. Mit dem Argument des *Heiligen Kriegs* schafft sie sich eine nicht hinterfragbare Legitimität für ihre Existenz und ihr Handeln (vgl. Pioppi 2008: 16).

Den Rückhalt in der Gesellschaft sichert sich die Partei Gottes durch ihr wohltätiges Engagement. Die Barmherzigkeit ist ein wichtiger Bestandteil des Islam. Durch die Unterfütterung ihrer sozialen Arbeit mit ihrer Ideologie hat sie eine starke identitätsstiftende Rolle in der libanesischen Gesellschaft eingenommen, was in der nachfolgenden Untersuchung genauer betrachtet wird (vgl. Aras et al. 2009: 29 & Wimmen/Sabra 2007: 18).

Die Partei Gottes ist straff bürokratisch organisiert. Ihre Geschicke werden von einem Konsultativrat, bestehend aus den wichtigsten geistlichen und militärischen Führern, gemeinsam geleitet. Der Generalsekretär leitet den Rat. Mussawi hat diese Position bis 1992 inne, als er von der israelischen Armee getötet wird. Sein Nachfolger Hassan Nasrallah bekleidet dieses Amt bis heute. Höchste Autorität ist der *faqih*, der oberste Rechtsgelehrte des Iran. Nach Khomeinis Tod ist dies Ali Khamenei. Er wird angerufen, wenn der Rat uneinig ist. Seine Beschlüsse sind absolut bindend und die Herrschaft des Rechtsgelehrten ein Funktionsprinzip der Hisbollah (vgl. CFR 2010; Diehl 2011: 85f. & Wimmen/Sabra 2007: 18). Unterstützt wird die Arbeit durch ein Politbüro und zahlreiche, funktional gegliederte Unterorganisationen.

Die Hisbollah hat bis heute ihre Operationsräume auf Europa, Afrika, Süd- und Nordamerika ausgeweitet (vgl. CFR 2010). Der militärische Flügel der Partei, der *Islamische Widerstand (al-Muqawama al-Islamiyya)*, hat ihr einen Ruf als Terrororganisation eingebracht. Tatsächlich wird sie von Israel, der USA, Kanada und den Niederlande als Terrororganisation geführt, Großbritannien und Australien unterscheiden zwischen dem bewaffneten und dem politischen Arm (vgl. Aras et al.: 34; BS 2009: 29; CFR 2010). Der Europäische Rat führt sie auf seiner aktuellen Liste der Terrororganisationen von 2008 nicht auf (vgl. EU 2008). Die Hisbollah hat mehrere tausend Mitglieder und verfügt über das größte Waffenarsenal einer

Widerstandsgruppe weltweit. Seit 1992 kann sie ihre Abgeordnetensitze kontinuierlich ausbauen und kontrolliert zwei Drittel der schiitischen Gemeinden (vgl. Norton 2007: 481).

4 Analyse der Staatsfunktionen: Vergiftete Hilfe?

Bei der anschließenden Untersuchung ist zu beachten, dass die meisten ausgewählten historischen Ereignisse und Veränderungen mehrere Funktionsbereiche tangieren. So wirken sich Defizite bei der Erbringung von Sicherheitsfunktionen zugleich negativ auf die Herrschafts- und Wohlfahrtsfunktion aus. Dagegen wirkt dieses Prinzip nicht zwangsläufig vice versa. Das bedeutet, dass Interdependenzverhältnisse mit teils abgeschwächten Rückkoppelungen zwischen den Funktionsklassen bestehen. Dies gilt erst recht für die einzelnen Indikatoren innerhalb der Funktionsgruppen. Der Schwerpunkt der Studie liegt auf der dritten Phase, dem Zeitraum von 1991 bis 2011. Die wegweisenden Ereignisse im Bereich der Sicherheits-, Herrschafts- und Wohlfahrtsfunktion werden mit den auf Schneckeners Konzept beruhenden Indikatoren analysiert. Dabei ist zu beachten, dass für ihre Messung jeweils nur einige Merkmale untersucht werden können, eine ausführlichere Analyse ist im Rahmen dieser Studie nicht möglich. Es geht vielmehr um das sich aus der Vielzahl der Indikatoren herausbildende Gesamtbild.

4.1 Sicherheitsfunktion

4.1.1 Erste Phase

Die konfessionelle Spaltung des Libanon, die wie keine andere politische Entscheidung das Schicksal des Landes bestimmen wird, manifestiert sich in der Mitte des 19. Jahrhunderts. Sie erreicht temporäre Entschärfungen der Konflikte zwischen verschiedensten Gruppierungen in diesem konfessionellen Schmelztiegel. So kommt es 1920 zwar zu einer von außen oktroyierten Staatsgründung, doch bringt die vereinbarte Konsensdemokratie durch Proporzfestlegungen, vereinbart im Nationalpakt, Sektenbildungen und Abgrenzung hervor, die der Entwicklung einer Nation entgegenstehen (vgl. Davis 2007: 24). Ein hohes Konfliktpotenzial ist somit vorprogrammiert. Der Initialpunkt für die Problematik, die praktisch allen weiteren externen und internen Konflikten zugrundeliegt, ist die Ausrufung des israelischen Staates beziehungsweise die anschließende Niederlage der arabischen Streitkräfte im Ersten Arabisch-israelischen Krieg 1948. Der Kampf gegen den jüdischen Staat wird die bestimmende Determinante der libanesischen Innen- sowie Außenpolitik. Es wird zwar ein Waffenstillstands-, jedoch kein Friedensabkommen geschlossen, da dies die faktische Anerkennung des israelischen Staates bedeuten würde.

Innerstaatliche Spannungen werden zunehmend zum Problem für die Sicherheitskräfte. Zwar kann die territoriale Integrität des Staates lange Zeit behauptet werden, doch wird sie 1969 mit dem Kairoer Abkommen unterminiert, als der PLO eigene Operationsgebiete im südlichen Libanon zugesichert werden. Dies markiert den Ausgangspunkt eines nun unaufhaltsamen Zerfallsprozesses staatlicher Autorität. Die palästinensische Widerstandsbewegung etabliert sich als ‚Staat im Staate'. Die Sicherheitsfunktion kann vom Staat in diesen Gebieten nicht mehr ausreichend erfüllt werden. Besonders die christlichen Bevölkerungsgruppen fühlen sich zunehmend bedroht und von staatlicher Seite nicht geschützt, was zu der Bildung eigener Milizen führt. Das staatliche Gewaltmonopol ist lokal außer Kraft gesetzt. Zu dieser Zeit vor dem Bürgerkrieg kann der Libanon als schwacher Staat bezeichnet werden. (vgl. Gerngroß 2007: 157ff.)

4.1.2 Zweite Phase

1975 ist die innenpolitische Lage überspannt. Zahlreiche Milizen haben sich vom Staat desintegriert und verfolgen ganz eigene Ziele. Als sich der Konflikt gewaltsam entlädt, sind die libanesischen Streitkräfte mit der Lage überfordert. Sie stehen zwar unter christlicher Führung, doch gehören viele Angehörige der niederen Ränge mehrheitlich der muslimischen Bevölkerungsmehrheit an. Zudem ist die Armee schlecht ausgerüstet. Auf Bitten des Staatspräsidenten intervenieren syrische Truppen und erreichen eine kurzzeitige Entspannung.
Die PLO stellt für das staatliche Gewaltmonopol das größte Problem dar. Als die libanesische Armee sich als unwillig und unfähig erweist deren Angriffe auf israelisches Territorium zu unterbinden und dadurch eine militärische Invasion provoziert, sind vor allem die libanesische Bevölkerung und staatliche Institutionen die Leidtragenden. Die libanesischen Truppen bleiben in diesem Krieg Israels gegen die PLO auf ihrem eigenen Territorium neutral und greifen, genauso wenig wie die dort stationierten syrischen Truppen, nicht in die Kämpfe ein. Zwar wird die PLO als Machtfaktor im Libanon ausgeschaltet, doch trägt die Intervention Israels mit mehr als 20.000 Toten zu einer dramatischen Verschärfung des Bürgerkriegs bei (vgl. Rosiny 2008: 28). Das staatliche Gewaltmonopol ist nun vollständig gebrochen und die Streitkräfte lösen sich auf oder schließen sich den verschiedenen Milizen an.
Ab 1985 halten israelische Truppen zusammen mit der SLA ein Gebiet besetzt, die sogenannte ‚Sicherheitszone', das mehr als zehn Prozent des libanesischen Territoriums ausmacht. Je länger die Besetzung andauert, desto mehr schlägt die anfangs positive Stimmung gegenüber den israelischen Truppen in Abneigung und Hass um. In dieser Konstellation ist es für die Hisbollah leicht, sich zu einer schlagkräftigen Widerstandsbewegung zu organisieren. Ehud

Barak merkt dazu 2006 passend an: „When we entered Lebanon...there was no Hizbullah. We were accepted with perfumed rice and flowers by the Shia in the south. It was our presence there that created Hezbollah" (Norton 2007: 478). Die Gründung beruht jedoch stark auf der Unterstützung durch den Iran und Syrien, die ganz eigene Ziele verfolgen. Der Iran ist daran interessiert die islamische Revolution in den Libanon zu tragen. Die Interessen von Damaskus sind dagegen sehr viel komplexer. Es unterstützt erst die PLO als wichtigsten Vetoakteur im Libanon, um den libanesischen Staat zu schwächen und so seine eigenen Positionen als innerlibanesischer Akteur und im Kampf gegen Israel auszubauen. Die bestimmenden externen Gegenspieler in dem Konflikt sind Israel und Syrien. Der Antagonismus dieser Akteure ist der bedeutendste (externe) Faktor während des Bürgerkriegs und ist dies bis heute geblieben. Damaskus sucht zusätzlich die außenpolitische Auseinandersetzung, um seine innenpolitischen Defizite zu überspielen. Es ist nicht im Interesse Syriens einer der involvierten libanesischen Parteien eine Vormachtstellung zu ermöglichen. Als die palästinensische Organisation Damaskus zu mächtig erscheint, konzentriert es sich auf die Förderung der Hisbollah. Diese übernimmt nun aus syrischer Perspektive die gleichen Funktionen und soll zu der ebenfalls von ihm unterstützten Amal ein Machtgleichgewicht aufbauen (vgl. Gerngroß 2007: 153).[31]

Durch den Zusammenbruch der staatlichen Ordnungsstrukturen können verschiedenste interne und externe Akteure auf Kosten des Staates ihre Machtpositionen ausbauen und ihre Interessen verfolgen:

> In kaum einem anderen Land waren externe Mächte so dominant am Prozess des Staatszerfalls beteiligt wie im Libanon. Ein Wechselspiel aus internen Konflikten und Interessen externer Akteure schwächte die staatlichen Institutionen des Libanon, führte zum Bürgerkriegsausbruch, zur steten Verlängerung der gewalttätigen Auseinandersetzungen und schließlich zum Zerfall der staatlichen Institutionen (Gerngroß 2007: 155).

Neben den genannten externen Akteuren Syrien, Iran, Israel und den Palästinensern sind noch weitere in den Bürgerkrieg involviert. Durch Waffenlieferungen an Milizen oder Vermittlungsversuche sind außerdem Libyen, Ägypten, Irak, Saudi-Arabien, Institutionen wie die Arabische Liga und die Vereinten Nationen, sowie im Rahmen der MNF die USA, Frankreich, Großbritannien und Italien in den Konflikt verwickelt (vgl. AA 2010d & Kropf 2007: 75). Die schwersten Anschläge gegen die MNF 1983 mit hunderten Toten werden der Hisbollah zugerechnet, ebenso wie Geiselnahmen westlicher Zivilisten und Anschläge auf Botschaften, auch wenn sie sich bis heute nicht ausdrücklich zu diesen Terrorakten bekennt

---

[31] Doch die Kontrolle der Hisbollah gestaltet sich schwieriger als erwartet und es kommt zu Zusammenstößen zwischen dem Förderer und seinem Schützling. 1987 lässt das syrische Regime drei hochrangige Hisbollah-Funktionäre töten, als Vergeltung für den Mord an einem syrischen Soldaten (vgl. Norton 2007: 477).

(CFR 2010; Davis 2007: 38; Diehl 2011: 46 & Philipp 2011). Für den Rest des Bürgerkrieges bleibt die Hisbollah – abgesehen vom kurzzeitigen ‚Bruderkrieg' mit der Amal – neutral.

Als die MNF abzieht, kann das bereits bestehende Machtvakuum von der libanesischen Armee nicht gefüllt werden und es entwickelt sich eine selbsterhaltende Bürgerkriegsdynamik, in der „[...] the militias were able to offer an alternative to the state's crumbling institutions, which were no match for the militia's size, firepower, and ruthlessness" (Barak 2003: 317). Die Milizen erschaffen eigene Enklaven, in denen sie staatliche Funktionen teils vollständig ersetzen.

Das ausgehandelte Friedensabkommen zwischen Israel und dem Libanon wird auf Druck Syriens, anderer arabischer Staaten und vieler, hauptsächlich schiitischer, Verbände nicht ratifiziert. Der Staatspräsident sowie der Premier werden ermordet. Es herrscht ein Krieg aller gegen aller. Die Spaltungen ziehen sich durch alle Ebenen, durch die politische, gesellschaftliche, soziale und konfessionelle. Die Gewalt ist privatisiert und keine der notwendigen Sicherheitsfunktionen ausfüllenden Aufgaben kann mehr vom Staat erfüllt werden. Diesen Zustand bezeichnet Gerngroß als „gefächertes Gewaltoligopol" (ebd. 2007: 158).

Ab 1988 steht das Land vor einer scheinbar unabwendbaren Teilung. Zwei Regierungen sind bemüht das Gewaltmonopol in ihrem Gebiet durchzusetzen, doch auch das misslingt. Die Republik Libanon ist an ihrem Tiefpunkt angelangt. Sie steht an der bedrohlichen Schwelle zwischen einem scheiternden Staat (*failing state*) und einem gescheiterten Staat (*failed/collapsed state*). Die staatlichen Institutionen sind zwar weitestgehend erodiert, doch gegen Ende des Krieges noch formal existent (vgl. Gerngroß 2007: 160; Rotberg 2003: 10 & Schneckener 2004: 16).

Selbst das Ende des Bürgerkriegs ist stark von externen Ereignissen abhängig, als Syrien freie Hand bei der Niederschlagung der christlichen Milizen erhält.

4.1.3 Dritte Phase

Die dritte Phase wird in allen drei Funktionsbereichen anhand der herausgearbeiteten Indikatoren analysiert.

(a) <u>Grad an Kontrolle über das gesamte Staatsgebiet</u>

Mit Unterzeichnung des Ta'if-Abkommens 1989 und der Niederlage der von Aoun geführten Truppen im Oktober 1990 geht der Bürgerkrieg zu Ende. Das Nebeneinander einer Vielzahl von konkurrierenden Milizen soll mit deren Entwaffnung und dem Wiederaufbau einer schlagkräftigen Streitkraft ein Ende haben. Das Gewaltmonopol soll wieder ausschließlich bei der Zentralregierung liegen. Anfangs begründet sich ihre Legitimität allein mit der Präsenz der syrischen Truppen, die die uneingeschränkte machtpolitische Verfügungsgewalt im Land ausüben. Diese starke Stellung Syriens wird im Abkommen von Ta'if mit den besonderen Beziehungen und der Stationierung eines großen Truppenkontingents zementiert. Die Anzahl der intervenierenden Akteure sinkt, das Kairoer Abkommen wird annulliert, was zumindest theoretisch das gesamte Territorium unter staatliche Kontrolle stellt und alle Milizen mit Ausnahme der Hisbollah und einiger palästinensischer Gruppierungen entwaffnet. De facto kontrolliert die schiitische Widerstandsbewegung große Teile im schiitisch dominierten Süden, südliche Stadtteile Beiruts und in der Bekaa-Ebene im Osten des Landes. Den Palästinensergruppen wird die Kontrolle über die Flüchtlingslager zugestanden und der Armee gar verboten die Lager zu betreten (vgl. J. Hartmann 2011: 134). Die sogenannte ‚Sicherheitszone' wird von israelischen Truppen und der SLA kontrolliert. Für die marginalisierte libanesische Armee bleibt wenig Raum. Ihr Handlungsspielraum sowie der der Hisbollah und der Palästinenser wird von der syrischen Hegemonialmacht bestimmt. Sie liefert in dieser Zeit Sicherheit nach außen und innen, lindert die Angst vor äußeren Angriffen und hindert im Inneren die Machenschaften unerwünschter *Warlords*. Der Libanon ist stark auf die syrische ‚Schutzmacht' angewiesen: „Without guarantees of human security, and the cooperation of dueling leaders, which Syria compelled, any resuscitation of the post-collapse Lebanese state would have proven impossible" (Rotberg 2003: 4). Das syrische Engagement ist aufgrund der in der zweiten Phase genannten Interessen nicht ganz uneigennützig. Zudem gibt es Stimmen in Syrien, die den Libanon als Teil ihres Territoriums verstehen, der von den europäischen Mächten unrechtmäßig abgetrennt wurde (vgl. J. Hartmann 2011: 125).

Die Hisbollah genießt im Südlibanon mit Duldung Syriens weitgehende Handlungsfreiheit und führt einen Krieg der Nadelstiche gegen Israel. Ihr Beschuss nordisraelischer Ziele mit Granaten und Katjuscha-Raketen wird von libanesischer Seite aus nicht unterbunden. Bei der einwöchigen israelischen Militäroperation *Verantwortlichkeit* 1993 und der sechzehn-tägigen Aktion *Früchte des Zorn* 1996 kommt es zu Kämpfen im Süden des Landes und israelischen Luftangriffen. Das unter Vermittlung von Frankreich, Syrien und der USA geschlossene Abkommen zwischen der Hisbollah und Israel enthält neben dem Waffenstillstand auch ein Übereinkommen, zivile Ziele bei kommenden Kämpfen nicht zu attackieren. Damit wird der Hisbollah faktisch das Recht auf Widerstand durch die internationale Gemeinschaft zuerkannt (vgl. Diehl 2011: 46). Als die israelische Besatzung im Süden nach 18 Jahren im Mai 2000 zu Ende geht, wird dies als Sieg der Hisbollah deklariert. Nun bleiben nur noch der nördliche Teil des Dorfes Ghajar, die Kfar Shouba-Berge und die Schebaa-Farmen besetzt, welche nach israelischer und internationaler Sichtweise als Teil der Golan-Höhen jedoch zu syrischem Territorium zählen. Sowohl Syrien als auch die Hisbollah sehen in ihnen aber libanesisches Staatsgebiet (vgl. Norton 2007: 476).

Unterdessen geht der Aufbau militärischer und polizeilicher Strukturen nur langsam voran. Die Hisbollah und andere substaatliche Akteure können weiter fast ungehindert agieren. So werden israelische Soldaten entführt und Anschläge auf Syrien-kritische Politiker verübt. UN-Resolution 1559, welche unter anderem die Entwaffnung aller Milizen und den Abzug aller ausländischen Truppen fordert, kann von staatlichen Akteuren nicht implementiert werden. Es bestehen jedoch auch berechtigte Zweifel am Umsetzungswillen der Regierung.

Neben den großen syrischen Truppenkontingenten spielt vor allem der syrische Geheimdienst eine massive innenpolitische Rolle. Dissidenten und andere unliebsame Akteure verschwinden in syrischen Gefängnissen auf libanesischem Boden oder werden ins Nachbarland verschleppt (vgl. Conrad 2011). Erst durch den ausgeübten Druck in der Zedernrevolution ziehen die syrischen Streitkräfte 2005 ab. Der sogenannte *Pax Syriana*, der die Zeit von 1990 bis 2005 prägt, geht nun offiziell zu Ende (vgl. AA 2011c).

Doch der Mangel an Sicherheit bleibt offensichtlich, Morde und Anschläge halten an. Die UNIFIL-Mission an der israelisch-libanesischen Grenze kann den Zweiten Libanonkrieg 2006 nicht verhindern. Auf die eigenmächtige Operation der Hisbollah mit dem Namen *Gehaltenes Versprechen* reagiert die unter innenpolitischem Druck stehende israelische Regierung mit dem Entschluss einer groß angelegten Invasion. Während des Konflikts beschränkt sich die libanesische Armee auf Flugabwehr und kann als Zaungast die Kämpfe nur verurteilen. Neben den Kampfhandlungen trifft die Luft- und Seeblockade das Land schwer. Durch den Abzug der israelischen Truppen schwingt sich die Hisbollah als wahre Beschützerin des Landes auf (vgl. Rosiny 2008). Die UN-Resolution 1701 führt zur Verstärkung der UNIFIL, sowohl personell als auch per Mandat. Ihr Einsatzgebiet umfasst zu Land das libanesische Territorium südlich des Litani-Flusses, zur See die gesamten libanesischen Küstengewässer, sowie den Luftraum über beiden Sektoren (vgl. V. Hartmann 2007: 554). Zum ersten Mal seit 30 Jahren wird im Südlibanon die libanesische Armee stationiert (vgl. BS 2009: 6f.). Dadurch büßt die Hisbollah ein Stück weit Autonomie ein, doch Generalsekretär Nasrallah beschwichtigt „[…] Armee und Widerstand seien Brüder, die niemand trennen oder gegeneinander aufbringen könne" (Diehl 2011: 150; Nasrallah am 22.9.06: Ansprache zum *Festival des göttlichen Siegs*) und er ergänzt „Man habe keine Angst *vor* der Armee, sondern *um* sie und stehe darum an ihrer Seite […]" (ebd. 2011: 150; Nasrallah z.B. 9.8.06; 15.8.06; 28.8.06: Interview mit dem libanesischen Fernsehkanal *New TV*). Die Hisbollah gibt sich somit als

Beschützerin des ‚unerfahrenen' Militärs aus und weist ihm eine untergeordnete Rolle zu. Die Schwäche der regulären Streitkräfte wird auch bei den langanhaltenden Kämpfen im Rahmen der Nahr al-Bared-Krise und den Anschlägen auf UNIFIL-Truppen deutlich.

Als die Hisbollah und ihre Verbündeten 2008 gewaltsam große Teile Beiruts aufgrund eines Regierungsbeschlusses einnehmen sowie Hafen und Flughafen blockieren, hält sich die Armee erneut aus dem Konflikt heraus und demonstriert ihre Machtlosigkeit. Das Doha-Abkommen soll zwar das Gewaltmonopol des Staats im Inneren wiederherstellen durch

> [...] the implementation of the law and the upholding of the sovereignty of the State throughout the territory of the Republic so as not to have regions that serve as safe havens for outlaws and to provide for the referral of all those who commit crimes and contraventions to the Lebanese judiciary [...] (MOF 2011: 11).

Doch die Unfähigkeit der libanesischen Streitkräfte für ausreichend Sicherheit zu sorgen hält an. So kann sie interne Ausschreitungen oder Angriffe auf die internationalen Schutztruppen 2011 nicht verhindern. Dies ist bei einem so übermächtig erscheinenden Vetoakteur wie der Hisbollah auch leicht nachzuvollziehen. Sie hat stabile staatsähnliche Strukturen erschaffen, die im Wettbewerb zum libanesischen Staat existieren. Sie kann ihre Autorität zweifelsfrei durchsetzen und rivalisierende Kräfte ausschalten. Mit ihren eigenen paramilitärischen Truppen ist sie nicht nur der libanesischen Armee in der Schlagkraft weit überlegen, sondern schafft in den von ihr kontrollierten Gebieten für Sicherheit zu sorgen. Ihre uneingeschränkte militärische Hoheit im Südlibanon kann weder durch die Präsenz der regulären libanesischen noch der internationalen Truppen gebrochen werden (vgl. Davis 2007: 41ff; 53). Bei den von Israel besetzten Gebieten gibt es derzeit keine Aussicht auf Einigung.

(b) Grad an Kontrolle der Außengrenzen

Nur 25 Kilometer der israelisch-libanesischen Grenze sind bis heute einvernehmlich festgelegt. Die heute von der UN als Grenze definierte Blaue Linie beruht auf der Abgrenzung zwischen französischem und britischem Mandatsgebiet nach dem *Ersten Weltkrieg*, zudem auf der *Grünen Linie*, hervorgegangen aus dem Waffenstillstandsabkommen von 1949 und der *Purpurnen Linie* als Waffenstillstandslinie von 1967. Zu der Festlegung der Blauen Linie kommt es im Rahmen der UN-Resolution 425. Sie fordert Israel auf, seine Truppen nach der Militäroperation 1978 von libanesischem Territorium abzuziehen. Weder Israel noch der Libanon erkennen die Linie als offizielle Grenze an, doch wird sie international als Demarkationslinie zwischen den beiden Staaten verstanden. Eine Einigung scheint fern, da der Libanon Israel bisher nicht als Staat anerkennt. Die Grenze wird von Israel bis zum Abzug aus der ‚Sicherheitszone' im Jahr 2000 durchweg missachtet. Während der Militäroperation

2006 stoßen Israels Bodentruppen in libanesisches Hoheitsgebiet vor. Israelische Militärjets dringen bis heute regelmäßig in libanesischen Luftraum vor. Es kommt wiederholt zu Grenzscharmützeln zwischen der israelischen und der libanesischen Armee. Zudem sind noch immer Gebiete im Süden des Landes aus dem ‚Sommerkrieg' 2006 vermint oder verhindern die staatliche Nutzung durch noch vorhandene Clusterbomben. Immer wieder kommen dadurch Menschen zu Tode oder werden schwer verletzt (vgl. AI 2011: 206).

Die libanesischen Sicherheitskräfte können die Aktionen der Hisbollah an der Grenze nicht kontrollieren. Diese verletzt die Linie abermals und beschießt israelische Städte mit Granaten und Raketen. Die direkte Überwachung der Grenze untersteht dem Mandat der UNIFIL II-Mission und der libanesischen Armee.

Der Libanon und Syrien haben bis heute kein Grenzabkommen unterzeichnet. Die zurzeit gültige Grenze basiert auf der Grenzziehung während der französischen Mandatszeit. Mit der Resolution 1680 hat der UN-Sicherheitsrat Syrien unter anderem dazu aufgefordert, auf das Ersuchen des Libanon einzugehen und seine Grenzen zum Libanon zu markieren (vgl. SC 2006). Dies ist bis heute jedoch nicht geschehen. Der illegale Güterverkehr über die Grenze ist hoch frequentiert und wird von keiner der beiden Seiten unterbunden. Nicht-militärische und militärische Güter werden von Syrien in den Libanon als auch in umgekehrter Richtung geschmuggelt (vgl. Aras et al. 2009: 28; Keller/Chalid & SC 2006). Syrische Truppen verletzen wiederholt Libanons territoriale Integrität. Erst im September 2011 dringen syrische Einheiten auf libanesisches Gebiet vor, um Deserteure und Regimekritiker aus dem eigenen Land zu verfolgen (vgl. Conrad 2011).

Die hohe Permeabilität der Grenzen erlaubt der Hisbollah sich frei zu bewegen und sich somit staatlicher Kontrolle zu entziehen. Der Waffenschmuggel über die syrische Grenze ist für sie existenznotwendig.

(c) <u>Zahl und politische Relevanz nicht-staatlicher Gewaltakteure</u>

Die Hisbollah ist die am stärksten bewaffnete Organisation im Libanon. Die libanesischen Streitkräfte stellen für sie keine Bedrohung dar. Zwar ist die Partei Gottes der Armee zahlenmäßig unterlegen, doch qualitativ hinsichtlich Ausrüstung und Ausbildung weit voraus.[32] Ihr Waffenarsenal schätzen Geheimdienste auf 40.000 bis 80.000 Kurz- und Langstrecken-Raketen, sowie Flug-, Panzer- und Schiffsabwehr-Waffen (vgl. CFR 2010). Zudem wird vermutet, dass sie auch über chemische und biologische Sprengköpfe und *Cruise Missiles* verfügt. Ihr Waffenarsenal und ihre Schlagkraft kann sie in der Folgezeit des ‚Sommerkriegs'

---

[32] Zudem hat die Hisbollah in den Reihen des Militärs zahlreiche Sympathisanten (vgl. Davis 2007: 44).

2006 sogar noch steigern (vgl. Dingel 2008: 2). Mittlerweile halten viele Experten für wahrscheinlich, dass die Hisbollah nun über Raketen mit einer Reichweite von mehr als 200 Kilometern verfügt und durch Trägersysteme wie der iranischen *Fateh-110* und der syrischen *M-600* deutlich größere Sprengköpfe abschießen kann (vgl. Wimmen 2010a: 1). Im Südlibanon hat sie eigene militärische Anlagen installiert. Es wird vermutet, dass sie 550 Bunker, 300 Wachstationen und 100 weitere Verteidigungsanlagen im Libanon errichtet hat (vgl. Realité EU 2011).

Der Kern der Organisation wird auf mehrere tausend Militante und Aktivisten geschätzt, die Operationsräume auf vielen Kontinenten aufgebaut haben. Dies verleiht der Hisbollah, nach Angaben eines *CIA*-Mitarbeiters 2003, eine größere weltweite Schlagkraft als al-Qaida (vgl. Realité EU 2011). Sie kann seit dem israelischen Rückzug 2000 ihren Anspruch als stärkste arabische Macht gegenüber Israel glaubwürdig untermauern. Ihre außenpolitischen Handlungen beeinflussen den gesamten Nahen Osten: „Although not a sovereign state, Hizbullah's foreign policy and international conduct reverberates throughout the Arab world and has far wider implications than merely in its capacity as a 'Lebanese' resistance force" (Davis 2007: 37). Durch die Überhöhung ihres Kampfes als göttlichen Auftrag stellt sie sich über die staatlichen und weltlichen Instanzen.

Das Selbstbewusstsein der Hisbollah kommt gut zum Ausdruck in dem abgelehnten Entwaffnungsvorschlag vom August 2011. Ihr sollen im Gegenzug beträchtliche Geldsummen geboten worden sein.[33] Der stellvertretende Generalsekretär der Organisation, Naim Kassim, sagt dazu in einem Interview: „But we told them we're not in need [of their money] and the resistance will go on regardless of the consequences" (TDS 2011a). Zum internationalen Druck, der auf der Hisbollah lastet, wird Nasrallah in der *Frankfurter Allgemeinen Zeitung* zitiert: „Unsere Raketen gibt es und wird es auch weiter geben. Niemand im Libanon oder anderswo auf der Welt wird jemals in der Lage sein, sie uns wegzunehmen" (Bickel 2011a). Diese Äußerungen unterstreichen die Bereitschaft der Partei, es auf eine erneute Eskalation der Lage ankommen zu lassen.

Ihre außenpolitischen Erfolge stärken sie und dienen der Legitimierung ihrer außergewöhnlichen innenpolitischen Stellung. Sie betont die einzige Ordnungs- und Schutzmacht im Südlibanon zu sein und lässt keine Zweifel an ihrer Dominanz aufkommen. Zwar gibt es bisher keine Anzeichen für einen angestrebten gewaltsamen Umbruch, doch demonstriert die Hisbollah ihre Stärke und ihre Möglichkeiten immer wieder publikumswirksam durch

---

[33] TDS bleibt in der Berichterstattung ungenau und nennt eine Summe von mehreren Milliarden US-Dollar (ebd. 2011a).

Massenkundgebungen und zielgerichtete Propaganda. Dies hat einen nachhaltigen Einfluss auf Regierungsentscheidungen (vgl. Davis 2007: 44f.). Die Partei Gottes betont wiederholt, ihre Waffen noch nie gegen libanesische Staatsbürger erhoben zu haben – dabei werden das Kapitel des ‚Bruderkriegs' und die Zusammenstöße 2008 ausgeblendet – und einen islamischen Staat nicht gewaltsam durchsetzen zu wollen.

Ihre Vormachtstellung bewirkt die Bewaffnung maronitischer und sunnitischer Milizen. Dies und die suggerierte israelische Bedrohung führen zu einem sogenannten Prozess der *Securitization*[34], der in einer Rüstungsspirale mündet (vgl. Aras et al. 2009: 30f. & Diehl 2011: 137).

Der libanesische *state building*-Prozess wird seit der Gründung der Republik von externen Akteuren bestimmt. Während westliche Interventionen meist sichtbar stattfinden, wird der Einfluss des syrischen und iranischen Regimes durch die Hisbollah verschleiert. Doch sie rechtfertigt den Einfluss dieser beiden Größen mit dem Widerstand gegen die israelische und US-amerikanische Hegemonie in der Region und der westlichen Unterstützung, die die Regierung erhält (vgl. Pioppi 2008: 14f.).

Der weitreichende innenpolitische Einfluss Syriens, der mit dem Abkommen von Ta'if festgeschrieben wird und bis zum Jahr 2005 besonders evident ist, schränkt die Handlungsfähigkeit der libanesischen Regierung stark ein. Auf die drastischen Eingriffe in die Wahlprozesse wird im Folgenden noch eingegangen. Syrien hält seinen Einfluss durch die Unterstützung verschiedener Gruppierungen bis heute weiter aufrecht. Die Fatah al-Islam wird angeblich ebenfalls von Syrien versorgt (vgl. Norton 2007: 488f.). Dies verdeutlicht einmal mehr den Interessenkomplex Syriens, indem es verschiedene Gruppen gegeneinander ausspielt und auch weiterhin mittelbar Einfluss auf die libanesische Innenpolitik ausübt.

Doch neben Syrien nehmen, wie oben geschildert, auch andere Länder weiterhin Einfluss auf die Innenpolitik des Libanon. Der Antagonismus zwischen den beiden innenpolitischen Blöcken des 14. März und des 8. März und deren Machtfülle gründet sich hauptsächlich auf deren Verbindungen zu externen Akteuren. Besonders deutlich tritt dies mit dem Zweiten Libanonkrieg 2006 zutage: „This event marked the point when Syrian and Iranian influence over Lebanese affairs, and the divergence between state and anti-state actors in Lebanon became obvious" (Aras et al. 2009: 27). Während Syrien und der Iran den Block des 8. März unterstützen, erhält der Gegenpart von europäischen Ländern, vor allem aus Frankreich, den USA und sogenannten moderaten arabischen Staaten wie Saudi-Arabien materielle Hilfen (vgl. BS 2009: 25 & Dingel 2008: 3). Der massive Einfluss auf die libanesische Staatlichkeit

---

[34] *Securitization* bezeichnet einen Vorgang, bei dem ein Sachverhalt als essentielles Sicherheitsproblem politisiert wird. Ist dies geschehen, so kann die Problematik als Rechtfertigung für außergewöhnliche Mittel zur Problemlösung dienen (vgl. Buzan/Wæver/de Wilde 1998: 25-26).

erfolgt von dieser Seite unter anderem durch Bedingungen, die an Wiederaufbauhilfen gekoppelt sind. Das Land legt seine Souveränität weitgehend ab und nicht nur die Umsetzung seiner Sicherheitsaufgaben, sondern auch des Justizwesens, der Ökonomie und Infrastruktur in die Hände internationaler Akteure.

Dieses Phänomen beweist, dass seit dem Bürgerkrieg jede libanesische Angelegenheit internationalisiert wird. In der Innenpolitik spiegeln sich internationale Konflikte wider, wie der israelisch-palästinensische, der israelisch-syrische, der US-amerikanisch-iranische, vereinfacht gesagt der okzidental-orientalische, aber auch der sunnitisch-schiitische.

Die hohe Zahl an Vetoakteuren im Land paralysiert die Zentralgewalt und nutzt dadurch der Hisbollah. Von den zahlreichen Mitspielern ist die Stellung der Hisbollah hervorzuheben. Sie beruht vor allem auf einer wichtigen Komponente, und zwar, „[…] dass sie als bewaffnete Widerstandsorganisation die Entscheidung über Krieg und Frieden mit Israel in den Händen hält" (Wimmen/Sabra 2007: 19).

(d) <u>anhaltende oder wiederkehrende gewalttätige Konflikte</u>

Der Libanon ist trotz mehrfach geschlossener Waffenstillstandsabkommen seit 1948 mit Israel im Kriegszustand. Auch wenn die israelische Armee offiziell nicht den Staat Libanon zum zentralen Ziel ihrer Militäroperationen hat, sondern die Hisbollah als Hauptbedrohung ausmacht, gibt sie der libanesischen Regierung eine Mitverantwortung für die Konflikte. Dies wird zum einen mit der Unfähigkeit des libanesischen Staates begründet, Angriffe nichtstaatlicher Akteure von libanesischem Territorium zu unterbinden und zum anderen mit der Beteiligung von Ministern des Hisbollah-Lagers im Kabinett seit 2005. Die letzten großen Militäroperationen 1993, 1996 und 2006 sind nur drei drastische Beispiele für das Ausmaß der andauernden Konfrontation. Zahlreiche kleinere Grenzscharmützel oder Operationen seitens Israels oder der Hisbollah finden mit abwechselnder Intensität statt. Der Libanon fordert als Vorbedingungen für Friedensverhandlungen die Schaffung eines Palästinenserstaates, die Rückkehr der palästinensischen Flüchtlinge, die Räumung der noch von Israel besetzten arabischen Gebiete in den Grenzen von 1967 und die Akzeptierung der libanesischen Souveränität (vgl. AA 2011b & MOF 2011: 20). Kurzfristig sind die Forderungen mit denen der Hisbollah nahezu deckungsgleich. Diese verlangt zusätzlich die Freilassung aller libanesischen Gefangenen. Langfristig kommen für sie Friedensverhandlungen mit Israel nicht in Betracht. Sie fordert die Zerschlagung des jüdischen Staates. Israel signalisiert erneut im Juni 2011 seine Bereitschaft zu Friedensverhandlungen mit der von der Hisbollah dominierten Regierung. Das Waffenarsenal der Hisbollah ist für Israel eine akute Bedrohung, gefährdet die Stabilität im Libanon und verstößt gegen UN-Resolution 1559 (Entwaffnung aller Milizen) und 1701 (Durchsetzung der waffenfreien Zone).

Durch das Abkommen von Ta'if wird der Konfessionalismus bewahrt. Gesellschaft und Politik sind hochgradig polarisiert entlang sektiererischer und religiöser *Cleavages*, was für ein hohes Maß an Konfliktpotential sorgt. Zudem hat durch das Amnestiegesetz 1991 eine Aufarbeitung des Bürgerkriegs bis heute nicht stattgefunden. Durch das Attentat auf Premierminister R. Hariri und den anschließenden Abzug des syrischen Hegemons brechen alte Konfliktlinien wieder auf:

> With the external mediator out, internal divisions quickly deteriorated into a standoff between two opposing camps. This development was spurred by the 2006 war between Israel and Hezbollah, from which Hezbollah claimed to have emerged as the victor. Regional division between countries allied with the West (the so-called 'moderates', such as Saudi Arabia, Egypt and Jordan) and those states and entities allied with Iran (Syria, Hezbollah, Hamas) also contributed to political fragmentation within Lebanon (BS 2009: 2).

Die Spannungen führen zu einer Aufrüstungsspirale der verfeindeten Milizen (vgl. Pioppi 2008: 17). Die Konfliktlinie verläuft zwischen dem Block des 14. März und dem des 8. März. Während erster pro-westlich eingestellt ist und die Einrichtung des STL fordert, vertritt zweiter eine uneingeschränkt pro-syrische/iranische Haltung und lehnt das Hariri-Tribunal als westliche Verschwörung ab. Die Hisbollah-dominierte Koalition ist in ihren Vorstellungen eher homogen, die Koalition des 14. März ist eher heterogen aufgestellt. Sie weist keinen großen Kohäsionsgrad auf, wie der Austritt des PSP aus der Koalition im Januar 2011 beweist. Der Sturz der Regierung hat die Gegensätze zwischen Sunniten und Schiiten weiter deutlich verschärft. Das schwer definierbare und innenpolitisch so bedeutende Verhältnis zu Syrien wird durch die Wahl Suleimans 2008 zum Staatspräsidenten ein wenig normalisiert. Mit seiner Politik der Äquidistanz zu den politischen Lagern ist er bemüht die Lage zu deeskalieren (vgl. AA 2011b).

Die (Wieder-)Bewaffnung von Milizen setzt sich auch bei der nicht-organisierten Zivilbevölkerung fort. Kleinfeuerwaffen sind sehr weit verbreitet und steigern das Gewaltpotential (vgl. BS 2009: 4). Es kommt immer wieder zu Zusammenstößen. Die schwerwiegendsten ereignen sich im Sommer 2008. Die libanesischen Sicherheitskräfte halten sich aus diesen Kämpfen heraus, gehen im Jahr 2007 jedoch gewaltsam gegen die palästinensische (sunnitische) Fatah al-Islam vor.

Der interne Druck nimmt, bedingt durch das STL, weiter zu. Die Hisbollah reagiert betont gewaltbereit auf die Untersuchungsberichte:

> In describing the tribunal as part of an Israeli plot, Nasrallah warned the government and other parties in Lebanon against cooperating with it, or accepting its verdicts. He reminded his audience of the street fighting in Beirut in May 2008, and made clear that Hezbollah would not shy away from another fight if necessary (Salem 2010a).

Das außenpolitische Bedrohungsszenario, als auch interne Spannungen und ein schwaches staatliches Gewaltmonopol, sind für die Hisbollah in der Mehrheit der Fälle profitabel, dient sie sich doch als effizientere Schutzmacht nach innen und außen an.

(e) <u>Zustand des staatlichen Sicherheitsapparats</u>

Das im Bürgerkrieg marginalisierte libanesische Militär ist spätestens mit der Teilung 1988/89 selbst zur Konfliktpartei geworden. Die Wiedererrichtung der militärischen und polizeilichen Strukturen geht nur sehr langsam vonstatten. Von weniger als 20.000 Armeeangehörigen am Ende des Bürgerkriegs werden die Streitkräfte bis 2004 auf eine 72.100 Mann starke Truppe ausgebaut, davon 22.600 Wehrpflichtige (vgl. IISS 2004: 129f.). Die Brigaden werden konfessionell gemischt gegliedert, doch bleibt der konfessionelle Proporz in den oberen Rängen weiterhin die bestimmende Strukturdeterminante: Der Oberbefehlshaber muss ein Maronit, sein Stellvertreter ein Schiit und der Generalstabschef ein Druse sein. Die Streitkräfte setzen sich zurzeit aus 53 Prozent Muslimen und 47 Prozent Christen zusammen.

Die grundlegenden Probleme der Sicherheitskräfte bleiben bis heute deutlich sichtbar. Die Armee ist 1993, 1996 und auch 2006 nicht in der Lage ihrer zentralen Aufgabe nachzukommen – der Landesverteidigung. Dies hat mehrere Gründe. Zum einen ist es ihr aufgrund ihrer begrenzten Kapazitäten schlichtweg nicht möglich einem weit überlegenen Gegner wie Israel wirksam entgegenzutreten. Zum anderen verhindert die durch den Konfessionalismus bedingte ‚Loyalitätsverschiebung' ein geschlossenes Vorgehen in den meisten Konfliktsituationen. Die Folgebereitschaft zur eigenen konfessionellen Gruppe ist oftmals stärker als zu staatlichen Institutionen. Außerdem reicht der syrische Einfluss bis weit in die obersten Befehlsstrukturen der libanesischen Armee. Damaskus hat kein Interesse an einem starken Militär, dass Israel konfrontieren und einen zwischenstaatlichen Krieg entfachen würde, in den Syrien ohne Zweifel hineingezogen würde. Zudem soll die Hisbollah die entscheidende Machtkomponente bleiben, die den syrischen Einfluss absichert (vgl. Koufu 2008: 43).

Nichtsdestotrotz ist das Militär die zentrale Ordnungsmacht im Innern. Es wird 1991 und 1994 gegen Demonstrationen eingesetzt und unter Präsident Lahoud, einem früheren Offizier, ab 1998 gar zu einem politischen Akteur, der gegen syrische und libanesische Systemkritiker vorgeht.

Auch werden die multiplen Interessen wieder deutlich, denn der Hauptgeldgeber für das Militär von 2005 bis 2010 sind die USA (vgl. Salem 2010b).

Die Polizei spielt nach wie vor eine untergeordnete Rolle und wird als Helfer der Streitkräfte auch von diesen kontrolliert. Die Geheimdienste können ihre Rolle in der Nachkriegszeit ebenfalls ausbauen und dienen bis 2005 vorrangig der syrischen ‚Schutzmacht'. Mit dem syrischen Abzug 2005 beginnt ein Neuorientierungsprozess bei den Sicherheitskräften, doch bis heute sind sie weder in der Lage das Gewaltmonopol im gesamten Libanon durchzusetzen noch Rechtsstaatlichkeit zu garantieren. Dennoch wird ihnen eine wichtige Funktion als Gegengewicht zur Hisbollah zugeteilt, auch wenn dieses Argument umstritten ist. (vgl. Koufu 2008: 43ff. & Salem 2010b)

Auf die Moral, Ausbildung und Ausrüstung der Hisbollah wurde bereits eingegangen. Dass sie von schwachen staatlichen Sicherheitskräften, vor allem in den von ihr kontrollierten Gebieten, profitiert, liegt auf der Hand. Sie setzt ihr eigenes Recht auf ‚ihrem' Territorium durch und kann mittels rigorosem Durchgreifen für eine Senkung der Delinquenz sorgen und sich so als legitime bewaffnete Gruppe profilieren.

(f) **Grad der Bedrohung, die von staatlichen Organen für die physische Sicherheit der Bürger ausgeht**

Libanesische und syrische Streitkräfte werden wiederholt zur Niederschlagung von sozialen und politischen Aufruhren eingesetzt. Folter ist vor allem bis zum syrischen Abzug ein Instrument, dessen sich die Sicherheitskräfte oft bedienen (vgl. Koufu 2008: 45). Geheimdienstmitarbeiter verschleppen Menschen auch ins syrische Ausland. Verwicklungen ranghoher Militär- und Geheimdienstmitarbeiter in politische Morde werden vermutet, aber selten nachgewiesen und noch seltener geahndet. Menschenrechte werden immer wieder verletzt und staatliche Akteure greifen in demokratische Freiheiten ein.[35] Festhalten lässt sich, dass mindestens durch das Unterbleiben eines aktiven Einschreitens bei innergesellschaftlichen Gewaltausbrüchen, ob aus Unfähigkeit oder bewusster Nicht-Einmischung, libanesische Staatsbürger verletzt oder getötet werden. Im Jahr 2010 kommen nach Angaben von Amnesty International mindestens sieben Menschen durch Gewalt der Sicherheitskräfte ums Leben. Zwei Zivilisten werden von Grenzbeamten erschossen, als sie ihr Auto nicht wie gefordert stoppen und zwei weitere werden ebenfalls bei anschließenden Protesten gegen diesen Vorfall erschossen (vgl. AI 2011: 205).

Den staatlichen Sicherheitskräften gelingt es aufgrund ihres teils willkürlichen und eskalierenden Vorgehens nicht, das Vertrauen der Bevölkerung zu gewinnen. Dies wiederum spielt der Hisbollah in die Arme.

---

[35] Ausführlicher in Punkt 4.2.3 (e).

4.2 Herrschaftsfunktion

4.2.1 Erste Phase

Zwar wird der Libanon in dem Zeitraum von 1943 bis 1974 oft als ‚demokratische Oase' im arabischen Raum gepriesen, doch zeigt er mehr Ähnlichkeiten mit einer Oligarchie, obschon er Merkmale eines Verfassungsstaats besitzt (vgl. J. Hartmann 2011: 128). Die Mängel hinsichtlich der Herrschaftsfunktion sind auffallend. Die Rechtsstaatlichkeit weist Defizite auf, Korruption und Klientelismus sind systemimmanent.

Die staatliche Rechtsordnung steht im zivilrechtlichen Bereich neben ethnisch-religiösen Rechtsordnungen der verschiedenen Konfessionen. In den von der PLO kontrollierten Gebieten ist die Rechtsetzung und Verwaltung dem Staat ganz entzogen. Der Konfessionalismus[36] spiegelt sich in den patriarchalen Gesellschaftsstrukturen wieder, in denen starke Familien, Clans und Glaubensgemeinschaften das öffentliche Leben bestimmen (vgl. Barak 2003: 308f.; 317 & Gerngroß 2007: 157ff.). Die muslimischen Minderheiten fühlen sich Ende der 1960er Jahre nicht mehr ausreichend repräsentiert, christliche Eliten verfügen über politische Güter, sodass die Akzeptanz der politischen Ordnung stark abnimmt. Die Gesellschaft ist in Konfessionsgruppen separiert, die sich wiederum auf dieser Grundlage politisch organisieren und zunehmend radikalisieren.

4.2.2 Zweite Phase

Wie im vorigen Kapitel dargelegt, ist die Gewalt während des Bürgerkrieges oligopolistisch zwischen den verschiedenen Bürgerkriegsparteien aufgeteilt, der Staat hat sein Monopol verloren und kann die Sicherheitsfunktion nur begrenzt oder gar nicht mehr erfüllen. Doch ohne diese grundlegende Funktion lässt sich keine Herrschaft legitimieren oder wohlfahrtstaatliche Leistungen erbringen. Die Phase zeitigt den Wegfall staatlicher Autorität, große menschliche Verluste, sowie substanzielle Schäden an der Infrastruktur des Landes und die Auswanderung von ausgebildeten Arbeitskräften. Diese Episode schwacher Staatlichkeit fällt zusammen mit der Gründung der Hisbollah. Diese setzt, wie andere Milizen auch, eigene Rechts- und Verwaltungsordnungen in den von ihr kontrollierten Gebieten durch. Sie lehnt sich dabei an islamisches Recht an und hat als Anti-System- und revolutionäre Partei den Sturz der bestehenden Ordnung zum Ziel (vgl. Aras et el. 2009: 26; Davis 2007: 53 & Pioppi 2008: 13).

---

[36] Ausführlicher in Punkt 4.2.3 (f).

4.2.3 Dritte Phase

(a) <u>Umfang politischer Freiheiten</u>

Laut libanesischer Verfassung von 1926 ist der Libanon eine Republik mit einer parlamentarischen Demokratie als Regierungsform.[37] Diese beruht auf einem Konfessionsproporz (vgl. Müller/Saleem 2010: 265). Das bedeutet, alle wichtigen Entscheidungen werden von den großen religiösen Gruppen im Konsens getroffen. Diese Form der Entscheidungsfindung und Einbeziehung verschiedener Gruppen in den Prozess wird als *Konkordanzdemokratie* bezeichnet.

Artikel 7 der Verfassung legt die Gleichheit aller Libanesen vor dem Gesetze fest und Artikel 12 benennt die persönliche Leistung als einziges Auswahlkriterium für die Erlangung eines öffentlichen Amtes (vgl. Aras et al. 2009: 23). Doch die Realität weicht davon ab. Im Libanon existiert keine Staatsreligion, es konkurrieren 18 anerkannte Glaubensgemeinschaften um Macht im politischen System. Im konstitutionell garantierten Konfessionalismus ist nicht die persönliche Eignung, sondern die Konfessionszugehörigkeit bei der Ämtervergabe entscheidend. Diese Diskriminierung schränkt persönliche Freiheitsrechte stark ein. Politische Rechte und Jobchancen hängen von der Konfession ab beziehungsweise sind nur innerhalb einer bestimmten Gruppe möglich: „This places strict limitations on individual beliefs and choices" (BS 2009: 7).

In der vergleichsweise liberalen Verfassung sind Zivilrechte konstitutionell garantiert, de facto sind sie jedoch bis zum syrischen Abzug 2005 eingeschränkt. Seitdem können sie verstärkt ausgeübt werden. Beim Versammlungsrecht beispielsweise kommt es heutzutage aber immer noch teilweise zu Einschränkungen seitens des Innenministeriums und bürokratische Entscheidungen gestalten sich oft als wenig transparent. Zudem sorgt die bereits angesprochene hohe Zahl an Kleinfeuerwaffen unter der Bevölkerung immer wieder für gewalttätige Eskalationen.

Eine Einschätzung der Meinungsfreiheit gestaltet sich schwierig. Die Mediendichte ist so hoch wie in kaum einem anderen arabischen Land. Dies resultiert zum einem aus der Schwäche staatlicher Regulierung und zum andern aus der starken Politisierung der Gesellschaft, welche sich in der Medienlandschaft fortsetzt. Der Großteil medialer Akteure steht meist unter dem Einfluss bestimmter politischer Gruppen, die auch Zeitungen, Radio- und Fernsehsender unterhalten, um auf die Meinungsbildung gezielt Einfluss zu nehmen. Die erfolgreichsten Medien sind in Besitz von (teils ehemaligen) Milizenorganisationen. Der Hisbollah stehen

---

[37] Im Bertelsmann Transformations-Index im Demokratie-Ranking belegt der Libanon die Note 6,25 auf einer Skala von eins (niedrige demokratische Qualität) bis zehn (hohe Qualität) (vgl. BS 2009: 1).

der weltweit zu empfangende Fernsehsender *al-Manar* (gegründet 1991), die Zeitung *al-Ahd* (1984) und der Radiosender *an-Nour* (1988) sehr nahe. Unabhängige Informationen sind somit nur schwer zu erhalten und kritische Berichterstattung kann für Journalisten zur Gefahr für Leib und Leben werden. (vgl. BS 2009: 8f.; Diehl 2011: 47 & Weiter 2007: 50)

Jeder Bürger hat Zugang zum Justizwesen, doch weist das Rechtssystem erhebliche Mängel auf.[38] Aufgrund der schwachen Leistungserbringung im Bereich der Sicherheitsfunktion durch die labilen staatlichen Sicherheitskräfte ist das Recht auf Leben und Sicherheit nicht ausreichend geschützt.

Von der schwachen staatlichen Regulierung in den Medien profitiert die Hisbollah sehr. Sie nutzt Radio, Fernsehen, Zeitungen und neue Medien zur Propaganda und Indoktrination ihrer Ideologie.

(b) <u>Gewährung politischer Partizipationsrechte und Ausmaß von Wahlmanipulationen</u>

Die ersten Parlamentswahlen nach dem Bürgerkrieg finden 1992 und seitdem alle vier Jahre statt. Das Parlament wählt den Präsidenten alle sechs Jahre. Er ernennt den Premier, welcher vom Parlament bestätigt werden muss (vgl. FII 2010).

Mit der Teilnahme der Hisbollah an den ersten Wahlen ändert sich ihre Rolle. Ihre Ziele versucht sie nun (auch) innerhalb des politischen Systems zu erreichen. Bis 2005 sind die Wahlen jedoch von Syrien manipuliert. Es stellt Kandidatenlisten zusammen, legt Wahlbezirke fest und sorgt für die Amtsverlängerung des Präsidenten (vgl. Norton 2007: 482). Die ersten Wahlen ohne direkte ausländische Einflussnahme finden 2005 statt. Bis heute haben sich die Standards verbessert, auch wenn das neue Wahlgesetz aus dem Jahr 2008 noch immer nicht mit internationalen Standards korreliert. Die Wahlen werden als größtenteils frei, aber nicht fair beurteilt. Der Prozess ist anfällig für Manipulationen, Stimmenkauf und Einschüchterung, letzteres vor allem in den von substaatlichen Kräften kontrollierten Gebieten. Für die Wahlen werden von offizieller Seite keine Stimmzettel gedruckt. In den Wahllokalen verteilen Vertreter der einzelnen Parteien ihre eigenen Wahlzettel mit den Namen ihrer Kandidaten. In vielen südlichen Regionen werden sogar nur Stimmzettel einiger weniger Parteien ausgehändigt, Wahlhelfer anderer Parteien sind nicht vor Ort. Zusätzlich schwächt das Quotensystem das Prinzip der Stimmengleichheit und die Wahlfreiheit (vgl. BS 2009: 8f.). Freedom House signifiziert den Libanon gar als ‚Nicht-Wahldemokratie'(vgl. ebd. 2010). Die hohe Polarisierung senkt den Anteil von Wechselwählern und erschwert einen aufgeklärten

---

[38] Ausführlicher in Punkt 4.2.3 (g).

politischen Wettbewerb. Mit einer Rhetorik, die sich der *Securitization* bedient und mit religiösen Ideologien unterfüttert wird, sind alle Lager bemüht ihre Anhänger zu mobilisieren. Bei der Hisbollah ist diese Mobilisierung besonders gut zu beobachten. Der religiös begründete Widerstand ist ein zentrales Element für die Aktivierung der Massen. Ihre starke Position hinsichtlich der Sicherheitsfunktion nutzt sie zuweilen auch zu ihrer Besserstellung im Bereich der Herrschaftsfunktion. Nach ihrer Machtdemonstration 2008 wird eine Einheitsregierung gebildet, in der mehr Minister der Hisbollah-Koalition ins Kabinett berufen werden, als ihr dies nach den regulären Parlamentswahlen 2005 möglich gewesen wäre. Sie erhält elf von 30 Posten und somit die Vetomöglichkeit.

(c) Umgang mit der politischen Opposition

Die bestimmende Konfliktlinie ist spätestens mit dem Ende des Bürgerkriegs durch das Gegensatzpaar *pro-syrisch* und *anti-syrisch* zu umschreiben. Seit 2005 werden die beiden Positionen durch das Lager des 14. März und das Lager des 8. März verkörpert. Politisch setzen sich die Blöcke zurzeit auf der einen Seite aus der sunnitischen *Courant du Futur* unter der Führung S. Hariris, der *Forces Libanaises* der *Phalanges Libanaises* und weiterer kleinerer christlicher Parteien und auf der anderen Seite aus der schiitischen Hisbollah, der Amal, der christlichen *Courant Patriotique Libre* und der drusischen *Parti Socialiste Progressiste* zusammen (vgl. AA 2011c). Diese Spaltung zieht sich durch die gesamte Gesellschaft. Bei den Parteien handelt es sich nicht um politische Parteien nach westlichem Muster. Sie sind mit Ausnahme der *Kommunistischen Partei* konfessionsgebundene Einheiten. Dies sorgt für wenige Wechselwähler im Parteiensystem. Der Aufstieg in den Parteien richtet sich somit nach der Konfession. Sie dienen weniger der parlamentarischen Meinungsbildung und -äußerung, sondern sind auf einen Kandidaten zugeschnitten und verfügen somit auch nicht über ein idealtypisches Parteiprogramm oder nachhaltige politischen Positionen. Sie sind wandlungsfähig und folgen außer der konfessionellen Grundidee kaum einer politischen Linie: „Political blocs are usually based on confessional and local interests or on personal/family allegiance rather than on left/right policy orientations" (DOS 2011).

Im politischen Alltag wird das Parlament oft nicht in genügendem Maße am Entscheidungsfindungsprozess beteiligt. Kleine elitäre Zirkel treffen die Entscheidungen (vgl. BS 2009: 10). Dies verhindert eine ausreichende Einbindung der Opposition. Zudem erschwert die Polarisierung im Parteiensystem eine Fraktionen-übergreifende Kooperation.

Die Hisbollah nutzt die bis zum Ende des Bürgerkriegs andauernde Benachteiligung der schiitischen Bevölkerungsgruppe geschickt für ihre Ideologie aus. Tatsächlich sind die

Schiiten auch heute noch im Parlament relativ zur Gesamtbevölkerung unterrepräsentiert.[39] Die Partei Gottes kann sich seit den ersten Wahlen 1992 als Oppositionspartei organisieren und übernimmt 2005 mit dem Einzug ins Kabinett erstmals Regierungsverantwortung. In der Regierung opponiert sie jedoch weiterhin gegen ihre Koalitionspartner. Sie beweist Pragmatismus und verbündet sich 2006 mit dem ehemaligen Erzfeind Aoun, der aus dem Exil zurückkehrt. Durch ihren parlamentarischen und außerparlamentarischen Widerstand 2008 sichert sie sich einen größeren Einfluss, den sie bei den Wahlen 2009 jedoch wieder einbüßt. Sie stellt nur noch zwei Kabinettsposten (vgl. CFR 2010). Doch mit dem erneuten Sturz der Regierung im Januar 2011 und der Koalitionsmehrheit im Parlament kann sie erstmals mit ihren Verbündeten die Mehrheit der Regierungsposten besetzen. Sie ist heute die größte politische Partei im Libanon und Aras et al. weisen zu Recht auf einen Widerspruch hin, denn sie bleibt trotz der Verankerung im politischen System „[…] a consolidated and robust antisystem actor in Lebanon and a formidable transnational network" (ebd. 2009: 26).

(d)   Integration von Minderheiten

Die größte Minderheit im Libanon stellen die palästinensischen Flüchtlinge dar, deren Zahl mit bis zu 400.000 und mehr angegeben wird. Sie sind von Grundrechten ausgeschlossen und ihnen wird der Zugang zu Gesundheits- und Bildungseinrichtungen verwehrt. Sie haben keine Eigentumsrechte. Ihnen ist das Wählen untersagt und sie haben keine Wohnerlaubnis. Sie erhalten in mehr als 20 Berufen keine Arbeitsgenehmigung. Auch Gastarbeiter anderer Herkunft werden oft diskriminiert, wenn auch in geringerem Maße.

Viele Flüchtlinge werden trotz Asylersuchen ausgewiesen und menschenunwürdig behandelt. Immigrierte Frauen leiden besonders unter Ausbeutung, psychischer und physischer Gewalt. Auch sexueller Missbrauch wird oft gemeldet. Viele Libanesen sehen die Palästinenser als Bedrohung für die konfessionelle Stabilität im Land. (vgl. AI 2011: 205; BS 2009: 7 & FH 2010)

Der palästinensischen Problematik hat sich die Hisbollah schon mit ihrer Gründung angenommen. Sie sieht in den Palästinensern vor allem Verbündete im Kampf gegen Israel und Gemeinsamkeiten in ihrer Leidensgeschichte. Auch wenn die Hisbollah eine schiitische Organisation ist und die Palästinenser mehrheitlich der sunnitischen Glaubensgemeinschaft zuzuordnen sind, eint die beiden Fraktionen der gemeinsame Feind. Die Partei Gottes erscheint in der gesellschaftlichen Abneigung, die vielen Palästinensern entgegenschlägt, als

---

[39] Schiiten stehen nach dem Ta'if-Abkommen 21 Prozent der Sitze zu, sie machen jedoch mindestens circa 30 Prozent der Bevölkerung aus (vgl. FH 2010).

wichtiger Unterstützer. Dies sichert ihr einen großen Rückhalt auch im palästinensischen Lager.

(e) Existenz schwerwiegender Menschenrechtsverletzungen

Die Diskriminierung und die menschenverachtende Unterbringung von Flüchtlingen stellen ein großes Problem dar und vertiefen die innenpolitischen Spannungen. Diese werden auch durch nicht aufgearbeitete Verbrechen aus dem Bürgerkrieg verschärft. Bisher ist das Verschwinden von 17.000 Menschen aus dieser Zeit nicht aufgeklärt. Bis zum syrischen Abzug 2005 sind politisch motivierte Morde und Entführungen, sowie Folter sehr häufig. Doch selbst nach dem Abzug steigt die Zahl der Attentate nochmals zeitweilig stark an (vgl. BS 2009: 10). Seitdem lassen sie nach. Doch die Todesstrafe wird noch immer regelmäßig vollstreckt. Folter und Polizeigewalt werden auch 2010 beobachtet. Laut Amnesty International werden im vergangenen Jahr 20 Personen in unfairen Verfahren verurteilt. 120 Anhänger der Fatah al-Islam warten seit 2007 auf ihren Prozess. Lange Untersuchungshaft ohne Anklage und eingeschränkte Einspruchsrechte sind an der Tagesordnung. Gefängnisse entsprechen nach wie vor nicht den internationalen Standards. (vgl. AI 2011: 205ff. & FH 2010)

Die Stellung der Frauen im Libanon ist teils noch immer kritisch, Gewalt und Diskriminierung werden nicht hinreichend geahndet (vgl. BS 2009: 10). Zudem haben sie keinen einheitlichen Status, da Personenstandsangelegenheiten unter die Jurisdiktion der Glaubensgemeinschaften fallen (vgl. AA 2011c).

Staatlichen Stellen ist gegenüber nicht-staatlichen Akteuren insofern kaum eine rechtliche Überlegenheit zu bescheinigen. Zwar lassen sich Menschenrechtsverletzungen der Hisbollah kaum nachweisen, doch ist die Organisation für ihr hartes Durchgreifen bekannt. Sie vollstreckt ebenfalls eigene Todesurteile.

(f) Funktionsfähigkeit des politischen Systems und Zustand der öffentlichen Verwaltung

Während des Bürgerkriegs werden staatliche Institutionen marginalisiert, verdrängt und mit der Regierungskrise ab 1988 geteilt. Sie werden zwar nachhaltig beschädigt, aber nicht durchweg vollkommen zerstört. Mit der durch das Ta'if-Abkommen vollzogenen Einigung des Landes kann an die vorherige institutionelle Infrastruktur angeknüpft werden (vgl. Barak 2003: 318). Doch bevor auf die Leistungsfähigkeit der staatlichen Institutionen eingegangen wird, muss die gesellschaftliche Struktur beleuchtet werden.

Der Konfessionalismus im Libanon ist die Basis für das gesellschaftliche Zusammenleben und zugleich die grundlegende Kausale für die anhaltenden Probleme und Konflikte des Landes. Politische Führer im Libanon haben seit jeher nicht das Fortbestehen des Systems zum Ziel, sondern suchen ihre und die Interessen der Gruppe zu realisieren, die sie vertreten. Eine übergeordnete gemeinsame ideelle Grundlage des politischen Handelns hat sich bis zum heutigen Tag aufgrund des fehlenden Nationalverständnisses nicht etablieren können. Jede Glaubensgemeinschaft verfolgt eigene Ziele in der fragmentierten Gesellschaft. Die feudale Gesellschaftsordnung wird im historischen Prozess nicht an die Moderne angepasst, sondern schlichtweg in ein politisches System übernommen.

Die wichtigsten Bezugsgrößen für Libanesen sind die Religion, die Konfessionsgemeinschaft und der Clanführer, der *zaim*. An letzter Stelle steht der Staat (vgl. Maas 2007: 14). Der *zaim* ist heutzutage ein politischer Führer mit weitgehenden Kompetenzen. Seine Stellung wird vererbt, Politik wird somit zur Familienangelegenheit. Teilweise kontrolliert die Familie eines *zaim* die gesamte ethnische Gruppe. Diese *zua'ma* befehligen eigene Milizen, die ihre Interessen schützen (vgl. Ashour 2004: 22ff.). Der Clanführer wird von seiner Gemeinschaft in politische Ämter gehoben: „Powerful families also still play an independent role in mobilizing votes for both local and parliamentary elections" (DOS 2011). Aus dieser Position kann er wiederum seine Günstlinge mit Posten und Leistungen belohnen. In diesen konfessionalisierten und persönlichkeitsbezogenen Politiknetzwerken spielen die politischen Institutionen nur eine untergeordnete Rolle. Dieses System bringt zum einen Patronage/Klientelismus hervor, was die Institutionen lähmt. Der Konfessionalismus bringt zum anderen eine Konkordanzdemokratie hervor, in der der Konsens als Regierungsprinzip angestrebt wird. Diese Kombination erschwert weitreichende Reformen und moderne Formen des Regierens und schränkt die Anpassungsfähigkeit und Responsivität des Systems ein. Dies konserviert bis heute die primordiale Ordnung (vgl. Aras et al. 2009: 23).

Die Verwaltung des Landes leidet unter der daraus resultierenden Ineffizienz. Nicht die fähigsten Personen werden für Ämter ausgewählt, sondern die mit den richtigen Beziehungen und die auf Grund der Konfession zur Beibehaltung des Gleichgewichts beitragen. Die Größe der Bürokratie richtet sich nicht nach dem Personalbedarf, sondern nach ethnischer Ausbalancierung: „Inequitable representation is corrected not by dismissing a number of the employees of the over-represented ethnic group but by recruiting additional employees from the ethnic groups that are under-represented" (Ashour 2004: 119). Dadurch wird der Staatsetat aufgebläht. Personalkürzungen oder Umbesetzungen würden jedoch sogleich zu gesellschaftlichen

Spannungen führen. Dies wiederum senkt die Bereitschaft zu verantwortlichem Handeln des Individuums.

Ein weiteres Problem besteht in der geteilten Loyalität: Beamte müssen ihrem Vorgesetzen und dem Staat dienen, auf der anderen Seite auch der sie unterstützenden Gruppe, personalisiert durch den *zaim*. Hier zeigt sich der Klientelismus invers: Der beförderte Schützling kann selbst bei bestem Willen kaum gegen die Interessen seines Gönners aktiv werden. Er ist meist zum Machterhalt in seine Position gehoben, nicht zur Änderung des Status quo. Somit sind dem Handlungsspielraum des einzelnen Verwaltungsangestellten klare Grenzen gesetzt.

Die Exekutive ist aufgrund eines hohen Grades an Zentralisierung kaum kontrollierbar. Zudem ist die Bezahlung niedrig. Dies mündet in Korruption und Nepotismus. Dieses Problem ist weithin bekannt, doch bieten sich kaum Sanktionsmöglichkeiten. Zum einen gibt es niemanden, der die Sanktion vollstrecken könnte, da sich das Problem durch alle Institutionen zieht. Zum anderen würden solche Maßnahmen, wie angesprochen, unweigerlich ethnische Konfliktausmaße annehmen. Zwischen den einzelnen Verwaltungssträngen existieren keine klaren Kompetenzgrenzen und von unterschiedlichen Konfessionsgruppen dominierte Ministerien wirken in oft entgegengesetzter Richtung. Die Ressourceneffizienz ist mithin sehr niedrig (vgl. BS 2009: 23). Die Dominanz konfessioneller Leitlinien senkt die Nachhaltigkeit politischer Entscheidungen und die Bewältigung tiefgreifender Probleme wird kurzfristigen Interessen geopfert. Reformstau und politischer Stillstand sind die Folge, wodurch die Belange der Bevölkerung nicht angemessen berücksichtigt werden können. Das politische System kann also schlichtweg nicht die Leistungen erbringen, die von ihm erwartet werden. Dies senkt seine Output-Legitimität.

Auch auf der Input-Seite ist auf bedeutende Mängel hinzuweisen. Klientelismus und Korruption wirken sich in allen drei Gewalten aus. Politische Entscheidungen werden oftmals in kleinen elitären Zirkeln getroffen. Selbst dem Ministerrat kommt oft nur die Rolle zu, die vorgefassten Entscheidungen abzusegnen. Das Parlament kann seine Kontrollfunktion nur unzureichend erfüllen und per Dekret wird oft an diesem vorbeiregiert. Ein gutes Beispiel ist das Haushaltsrecht. Durch die innenpolitischen Spannungen kann der Haushalt 2006 nicht gebilligt werden, da der Parlamentssprecher sich weigert, das Parlament einzuberufen. Der Haushalt wird nur vom Ministerrat beschlossen und ist bis heute nicht parlamentarisch bestätigt worden, ebenso wenig wie die Haushalte aus den Jahren 2007 und 2008. Seitdem wird kein Budgetplan mehr vorgelegt, da erst die vorangegangenen Jahre abgesegnet werden müssen (vgl. MOF 2011: 82ff.). Auch der Verfassungsrat als oberstes Gremium der Justiz kann der ihm zugedachten Aufgabe nur unzureichend nachkommen (vgl. Azar 2007: 207).

Der private Sektor ist dagegen, bedingt durch den Klientelismus, sehr stark in die Entscheidungsfindung eingebunden. Die hohe Zahl an Akteuren verstärkt die ohnehin schon hohe Ineffizienz der Regierungsführung und trägt zu weiterer Intransparenz bei (vgl. Ashour 2004: 136ff.).[40]

Zugespitzt lässt sich der Konfessionalismus in der Vetomacht der Troika beobachten. Hier haben maronitischer Präsident, sunnitischer Ministerpräsident und schiitischer Parlamentssprecher jeweils eigene Befugnisse, die den Gesetzgebungsprozess lahmlegen können (vgl. BS 2009: 9). Die Gewaltenteilung wird also durch diese drei Akteure überlagert. Eine *Deadlock*-Situation soll durch die Konsensfindung eigentlich vermieden werden, doch sie ist stattdessen Auslöser neuer Konflikte, da die institutionelle Blockade wiederum die Leistungsfähigkeit des Systems senkt. Zudem werden Regierungsinstanzen von nicht-staatlichen Akteuren auf vielen Gebieten übergangen. Langfristige Ziele werden immer wieder durch neue Dilemmata zunichte gemacht. Der von der Hisbollah provozierte ‚Sommerkrieg' 2006 wirft das Land in seiner Entwicklung weit zurück.

Die Regierungsunfähigkeit wird das erste Mal in dieser Phase am stärksten 2004 deutlich. Mithilfe der syrischen Besatzungsmacht wird die Amtszeit von Präsident Lahoud verfassungswidrig verlängert. Darauf folgt R. Hariris Rücktritt und politische Stagnation. Nach dessen Mord tritt auch sein Nachfolger Karami zurück und wird durch Siniora ersetzt. Die Regierungskrise nach Austritt der Minister des 8. März-Lagers im Dezember 2006 entlädt sich bereits gewaltsam auf den Straßen. Der Premier erkennt die Rücktritte nicht an, sodass die Posten vakant bleiben. 2007 verschärft sich die Situation noch weiter als Resultat der Nachfolgefrage von Präsident Lahoud. Bis zur Bildung der Einheitsregierung 2008 ist das Parlament 18 Monate paralysiert und das Amt des Präsidenten ein halbes Jahr unbesetzt. Aufgrund des STL kommt es Anfang 2011 erneut zur Regierungskrise. Diesmal wird die Regierung endgültig gestürzt und erstmals von der Koalition des 8. März dominiert (vgl. BS 2009: 10f.). Die libanesische Innenpolitik bleibt also nach wie vor von außenpolitischen Faktoren – dem Hariri-Tribunal und der Forderung nach der Entwaffnung der Milizen[41] – bestimmt. Auf der anderen Seite muss die staatliche Außenpolitik immer auf die Beziehungen gesellschaftlicher Gruppen mit externen Akteuren Rücksicht nehmen (vgl. AA 2011b).

Die Hisbollah verfolgt auch außerhalb von Parlament und Kabinett eigene Ziele als substaatlicher Akteur. Sie füllt das Vakuum der schwachen Zentralregierung auch im Bereich der Herrschaftsfunktion. Mit der Wahl Mussawis zum Generalsekretär 1991 öffnet sich die

---

[40] Vgl. Punkt 4.3.3 (g).
[41] Auch innenpolitisch mehren sich spätestens seit 2000 die Stimmen im Libanon, die eine Entwaffnung der Hisbollah fordern.

Organisation gegenüber der politischen Arena und anderen religiösen Gruppen. Ihr unaufhaltsamer Aufstieg als libanesischer zivil-gesellschaftlicher Akteur beginnt. Spätestens mit dem Abzug der israelischen Truppen 2000 kann sie einen großen Triumph verbuchen. Sie erreicht durch breit angelegte Öffentlichkeitsarbeit große Teile der Bevölkerung und steigt zur größten Partei des Landes auf. Aufgrund ihrer ganzheitlichen Ideologie kann die schiitische Organisation Wähler aus allen Regionen und Konfessionen erreichen (vgl. Diehl 2011: 55ff.). Sie passt ihre Ziele pragmatisch den Gegebenheiten an und schon nach dem israelischen Rückzug wird der Schriftzug auf ihrer Flagge von „Islamische Revolution im Libanon" zu „Islamischer Widerstand im Libanon" geändert (Diehl 2011: 47). Sie ist sich bewusst, dass ein gewaltsamer Umsturz des Systems von der Mehrheit der Bevölkerung abgelehnt wird. Nach Abzug der israelischen Besatzungsmacht und dem Abzug ihres syrischen Protektors 2005 fällt für die Hisbollah der *raison d'être*, der Widerstand gegen die israelische Besatzung – auch wenn er mit den Shebaa-Farmen weiterhin aufrecht erhalten wird – und die schützende Hand Syriens weg. Daher ist sie 2005 gezwungen, sich in das politische System zu integrieren. Ihre zumindest vordergründige, liberale Transformation zu einer im nationalstaatlichen Rahmen operierenden Reformbewegung hat ihr viel Unterstützung auch bei Angehörigen anderer Konfessionen eingebracht und ihr politisches Engagement ermöglicht ihr „[…] to keep a close eye on Lebanese rivals while pursuing its own political objectives" (Davis 2007: 50).

Ihr wird der Status als Widerstandsbewegung und somit das Recht auf Bewaffnung zugestanden. Sie baut multikonfessionelle Gruppen auf, in denen auch Nicht-Parteimitglieder eingebunden werden und erweitert ihre Widerstandsfront im ganzen Land (vgl. Diehl 2011: 47).

Die Handlungen der Partei Gottes haben außenpolitisch weitreichende Auswirkungen. Sie beeinflusst die Stabilität in der Region und unterminiert die staatliche Legitimität durch eigenwillige Maßnahmen und eigene außenpolitische Allianzen. Sie tritt nach außen als quasistaatlicher Akteur auf. Bewaffnete Operationen, selbst erklärte Kriege gegen Israel und Gefangenenaustausche 1996, 2004 und 2008 sind Belege dafür (vgl. Denso 2011: 8). So wie die Hisbollah ihre Existenzberechtigung aus der Wahl ihrer Feinde ableitet, begründet auch der Staat seine Souveränität mit seinem Verhältnis zu externen Akteuren. Die Souveränität befindet sich also im Spannungsfeld der zumindest bis Mitte 2011[42] gegenteiligen Außenpolitik der beiden Protagonisten: "Quite simply, Hezbollah's friends are Lebanon's enemies, and vice versa" (Aras et al. 2009: 27). Die Partei Gottes kompromittiert dadurch die außenpolitische Alleinherrschaft des Staates.

---

[42] Es bleibt mit dem neuen von der 8.März-Koalition dominierten Kabinett abzuwarten, welchen Wandel die staatliche außenpolitische Ausrichtung erfährt.

Von der innenpolitischen Perspektive aus betrachtet sind die Zerstörungen während der von der Hisbollah provozierten dritten Invasion israelischer Truppen 2006 verheerend. Laut Nasrallah erliegt die Hisbollah einer massiven Fehleinschätzung bezüglich der israelischen Reaktion auf ihre Operation (vgl. Norton 2007: 484ff.). Die Entwicklung des Landes wird um Jahre zurückgeworfen. Die großen Verlierer sind die libanesische Bevölkerung, vor allem im Stammland der Hisbollah, und der libanesische Staat.

Dennoch zeigt sich ein doppelter Erfolg für die Organisation. Die israelische Armee kann ihre Ziele der Zerschlagung der schiitischen Widerstandsorganisation und der Befreiung der entführten Soldaten nicht erreichen. Nach Abzug der israelischen Streitkräfte und trotz der Beteiligung auch anderer libanesischer Organisationen im Widerstandskampf deklariert und monopolisiert die Hisbollah den Sieg für sich. Im In- und im Ausland erwirbt sie sich viel Respekt, dem überlegenen Gegner standgehalten zu haben. Sie betont die einzige Schutzmacht im Libanon zu sein, legitimiert ihre Sonderstellung, festigt ihre Macht und desavouiert ihre Rivalen. In gleichem Maße büßt der passive Staat, der in einen Krieg wider Willen hineingezogen wurde, an Ansehen und Legitimität ein: „Hezbollah successfully confronted the Israeli war in July-August 2006, affirming its organisational and strategic capacity, gaining considerable regional popularity and demonstrating once again to be a crucial actor on the Lebanese political scene" (Elshobaki et al. 2008a: 5). Die schon vor dem Krieg schwachen staatlichen Institutionen werden durch die Zerstörungen noch weiter geschwächt. Die Hisbollah bietet sich dagegen als unbürokratischer und effektiver Helfer in der Not an und delegitimiert den Staat somit auf zweifache Weise. Das dramatische Zeugnis für die libanesische Regierung, die alle Fäden aus den Händen verloren zu haben scheint, zeigt sich im Bericht der Weltbank aus dem Jahr 2007. Auf die Frage, wem man als Bürger in der schwierigen Situation noch vertrauen kann und wer aus der Not helfen könne, nennen die Gefragten am häufigsten *Gott* oder *niemand*. Als wichtigste Institutionen werden die *Hisbollah* und die *Familie* genannt. Die *Regierung* und *öffentliche Institutionen* werden dagegen für ihre Untätigkeit und Ineffizienz kritisiert (vgl. MSA 2007: 11). Tatsächlich leistet die Hisbollah nach dem Krieg effizient und unbürokratisch professionelle Wiederaufbauhilfe. Die staatliche Hilfe läuft zögerlich an, ist mit hohen bürokratischen Hürden verbunden und durch die Korruption ineffizient. Die Hisbollah dagegen sucht die Geschädigten direkt vor Ort und Stelle auf, registriert die Schäden und zahlt bar Soforthilfen aus. Verwaltung und Infrastruktur sind in von ihr kontrollierten Gebieten oft gut ausgebaut. Ihre Institutionen sind weniger korrumpiert und den staatlichen oftmals hinsichtlich der Leistungsfähigkeit überlegen. Die Organisation stilisiert sich selbst als wichtigstes gesellschaftliches Element, das Sicherheit und Wohlstand garantieren und effektiver als staatliche Institutionen die Bedürfnisse befriedigen kann. Davis befindet: „In fact, Hizbullah outmatches the Lebanese state in many of the empirical criteria of a state" (ebd 2007: 63) und sieht sie daher als direkten Rivalen zur libanesischen Regierung. Er konkludiert: "[...] Hizbullah's pervasive autonomy and state building activities in the southern regions of Lebanon pose a direct challenge to the state's authority, security, and legitimacy" (ebd 2007: 65).

Diese Stellung nutzt die Hisbollah, um immer wieder gegen den Staat zu mobilisieren, indem sie Korruption, Klientelismus und staatliche Ineffizienz anprangert, wie beispielsweise nach den schweren Überschwemmungen 2003:

> Eins der gefährlichsten Dinge, mit denen wir heute im Libanon und der Region konfrontiert sind, ist die Inexistenz eines Geistes der Verantwortung [...]. Was im Libanon und mit den Opfern der Katastrophe [...] seit den Tagen der Überschwemmungen und der Fluten geschieht, erweckt das Gefühl, dass es keinen Staat gibt. [...] Was habt ihr als Verantwortliche vor, während und nach dem Sturm getan? (Diehl 2011: 103, Nasrallah am 24.02.2003: Ansprache zum Gedenken an den *Sieg der gesegneten Islamischen Revolution.*).

Von den Regierungskrisen kann die Hisbollah stets profitieren. Nach der jüngsten Krise dominiert sie nun erstmals die Regierung und markiert den Gipfel ihrer Macht (vgl. Gehlen 2011 & MSNBC 2011). Sie beugt sich auch internationalem Druck nicht. Nasrallah lehnt die Auslieferungsanträge des STL entschieden ab und bestreitet einen Zusammenhang zwischen seiner Organisation und dem Anschlag auf R. Hariri (vgl. Zeit Online 2011).

Es fällt auf, dass die Partei Gottes ein System diskreditiert, von dem sie selbst ein Teil ist. Sie kritisiert Probleme, die sie selbst mit verursacht hat.

(g) Grad der Unabhängigkeit der Justiz

Die Justiz im Libanon hat mit den gleichen Problemen wie die öffentliche Verwaltung zu kämpfen. Zwar wird ihre Stellung nach dem Ende des Bürgerkriegs gestärkt, doch ist ihre Unabhängigkeit durch Korruption und politische Einflussnahme auch heute nicht gewährleistet. Der Konfessionalismus lähmt auch ihre Arbeit. Viele Bürger misstrauen dem Justizwesen wegen der politischen und konfessionellen Manipulation. Die Verfahren werden oft von internationalen Beobachtern als unfair bezeichnet und die Verfahrensdauer ist mitunter sehr lang. Militärgerichte urteilen auch über Zivilpersonen. Bei Foltervorwürfen werden selten Untersuchungen eingeleitet. (vgl. AI 2011: 206; Azar 2007: 208f. & BS 2009: 9)

Auch auf diesem Gebiet hat die Hisbollah eigene Institutionen errichtet, die parallel zu den staatlichen bestehen und deren Legitimität untergraben. Ein gut dokumentierter Fall beleuchtet die Rechtsprechung in den von der Hisbollah kontrollierten Gebieten: Ein 16-jähriger Junge, der eine Frau und ihre beiden Kinder ermordet hat, wird von Sicherheitskräften der

Hisbollah verhaftet, verurteilt und nach islamischem Recht exekutiert. Staatliche Forderungen, den Täter den öffentlichen Behörden zu übergeben, werden ignoriert (vgl. Davis 2007: 45).

(h) <u>Ausmaß von Selbstjustiz</u>

Vor allem in ländlichen und muslimisch dominierten Regionen sind Ehrenmorde keine Seltenheit. Sie sind vor allem durch patriarchale Gesellschaftsstrukturen begründet. Die nicht aufgearbeiteten Verbrechen aus der Zeit des Bürgerkrieges konservieren einen schwelenden Konflikt und führen zu Racheakten. Die Sicherheitskräfte sind oft nicht in der Lage, die Verbrechen aufzuklären oder gar zu verhindern (vgl. BS 2009: 10 & FH 2010).

(i) <u>Ausmaß an Korruption und Klientelismus</u>

Die dramatischen Auswirkungen von Korruption und Klientelismus, sowie die Problematik diese zu sanktionieren, wurden bereits eingehend erläutert. Im *Korruptionswahrnehmungsindex* 2010 von Transparency International nimmt der Libanon Rang 127 von 178 ein (vgl. ebd. 2010: 10). Korruptions- und Klientelismusvorwürfen wird selten bis nie nachgegangen. Effektive Mechanismen gegen Korruption existieren nicht. Ein Wandel gestaltet sich als äußerst schwierig, da die Macht auf informellen, klientelistischen Netzwerken beruht, die von Eliten oder Familien dominiert werden und diese kein Interesse an einer Dezimierung ihrer Pfründe haben. Außerdem retardiert der vom Konfessionalismus ausgehende Wettbewerb zwischen den Gruppierungen jeglichen Reformprozess oder verhindert ihn gänzlich (vgl. BS 2009: 4ff.; 24 & FH 2010).

(j) <u>Akzeptanz des Regimes bzw. der politischen Ordnung</u>

Die durch den Bürgerkrieg marginalisierten staatlichen Institutionen bewirken einen Loyalitätsverlust der Bürger gegenüber dem Staat und die Hinwendung zu Familie und Glaubensgemeinschaft. Dem Staat wird kein Vertrauen mehr entgegengebracht und er wird zu einer unbedeutenden Figur unter vielen. Die von wiederkehrenden Krisen heimgesuchten Libanesen setzen vermehrt auf die Unterstützung religiöser Akteure, die eine Lösung der Probleme versprechen.[43] Fast alle konfessionellen Gruppierungen bekennen sich zwar zum libanesischen Nationalstaat, der sich aus seiner Rolle als syrischer Satellitenstaat während der knapp 30-jährigen Stationierung syrischer Truppen langsam emanzipiert, doch spielt er in keinerlei

---

[43] Eine Umfrage des *International Centre of Human Sciences* aus dem Jahr 2006 ergab, dass Libanesen den *religiösen Glauben* als wichtigsten Faktor für Erfolg im Leben einschätzen. Die *Bildung* findet sich auf dem zweiten Rang wieder (vgl. Hanf 2007: 11).

Hinsicht eine bedeutende Rolle (vgl. Davis 2009: 29). Zwischen den Gruppen herrscht noch immer großes Misstrauen und Missgunst. Es konnte sich bis heute keine belastbare nationale Identität entwickeln. Die schiitische Mehrheit fühlt sich bis zum Abkommen von Ta'if benachteiligt, mittlerweile sehen sich die Maroniten an den Rand gedrängt (vgl. BS 2009: 7 & Davis 2007: 28f.). Es zeigen sich also Anzeichen dafür, „[...] dass der Libanon nach dem Bürgerkrieg schwerer zu regieren ist als vorher" (Kropf 2007: 94). Der Staat kann weder hinsichtlich Sicherheit noch Herrschaft eine Monopolstellung landesweit durchsetzen. Durch den Konfessionalismus in der Konsensdemokratie ist seine Fähigkeit zum Konfliktmanagement schwach und er wird zum Außenseiter auf seinem eigenen Spielfeld:

> Lebanon's political leadership is incapable of reducing existing divisions and preventing cleavage-based conflicts. The crisis in Lebanon stems from a mangled web of poor leadership, parochial sectarian interests and competing political agendas. Each political camp sees its own agenda as the authentic, national one and perceives the other camp's agenda as driven by the interests of external powers. These perceptions are, in fact, based in reality as both major camps receive external backing (BS 2009: 25).

Die Möglichkeit, sich als Mediator über die gesellschaftlichen Grabenkämpfe zu stellen, kann der Staat aus mehreren Gründen nicht wahrnehmen. Durch das Amnestiegesetz werden Verbrechen nicht aufgeklärt, ehemalige Kriegsherren besetzen Schaltstellen in Politik und Verwaltung (vgl. Davis 2007: 52ff.). Misstrauen und Hass haben dazu beigetragen, dass soziale und politische *Cleavages* sich persistent einbrennen. Dies verstärkt wiederum auch die konfessionelle Spaltung, die den Staat in seinen Handlungen lähmt und ihn so zum Spielball mächtiger interner und externer Akteure macht. Diese Schwäche wiederum ergibt ein Unvermögen das Land zu einen, den Wiederaufbau entscheidend voranzubringen und die Gesellschaft auszusöhnen, welche sich enttäuscht abwendet. Dies ist eine sich selbst in Gang haltende Abwärtsspirale, sozusagen ein *Perpetuum mobile* staatlichen Autoritätsverlusts.

Diesen Zustand nutzt die Hisbollah bereits zu ihrer Gründungszeit und weiß ihn noch immer ertragreich zu ihren Gunsten umzuwandeln. Sie genießt schon aufgrund der Zurückhaltung während des Bürgerkriegs einen guten Ruf. Ihre holistische Ideologie bietet sie als bessere Option zum staatlichen Unvermögen. Die Mobilisierung der schiitischen Glaubensgemeinschaft beruht in weiten Teilen auf dem Gefühl der Unterrepräsentierung in der Konsensdemokratie, der Unfähigkeit des libanesischen Staates, Aggressionen seitens Israels abzuwehren und dem Konfessionalismus (vgl. Aras et al. 2009: 22f. & Rosiny 2008: 31). Die Hisbollah, die die Benachteiligung ihrer Glaubensgemeinschaft anprangert, kritisiert zugleich den aus dem Konfessionalismus erwachsenen Klientelismus.

Der Widerstand gegen Israel wird religiös begründet und gleichzeitig als Mittel zur Wiederherstellung der Ehre genutzt (vgl. Davis 2007: 40f.). Dabei bestreitet die Hisbollah, dass weder der Libanonkonflikt noch der Israel-Libanon- beziehungsweise der Israel-Hisbollah-Konflikt religiöse Auseinandersetzungen seien. Der Konflikt besteht nach offizieller Ansicht nicht zwischen Muslimen und Juden, sondern zwischen Libanesen und Zionisten. Hiesig wird der Konflikt zwischen den Konfessionen und Ethnien äußeren Mächten, allen voran Israel und den USA zugeschoben. Es handelt sich nach eigener Darstellung also nicht um muslimisch-christliche Auseinandersetzungen (vgl. Diehl 2011: 162f.).[44]

Die Position zu anderen Akteuren im politischen System richtet sich im polarisierten Weltbild der Hisbollah nach deren Stellung zu Israel und den USA. Die Organisation arbeitet auch mit Atheisten und Christen zusammen. Sie kritisiert staatliche Entscheidungen, die Ineffizienz öffentlicher Institutionen und strebt ein konfessionsloses, nicht-korrumpiertes System an.

Die Kooperation mit staatlichen Institutionen wird herausgestellt und weitgehende Reformen werden gefordert (vgl. Rosiny 2008: 32ff.). Nasrallah erkennt offiziell die staatliche Vorherrschaft an und versichert, die Hisbollah sei nicht bestrebt einen ‚Staat im Staate' errichten zu wollen. Seine Partei werde nur aktiv, wenn der Staat seinen Aufgaben, allen voran der Verteidigung, nicht nachkomme (vgl. Diehl 2011: 46). Hier wird wiederholt deutlich, dass die Partei Gottes bestimmt, was staatliche Aufgaben in welchem Umfang zu sein haben und wo ihre Grenzen sind. Werden die Anforderungen der Organisation nicht erfüllt, interveniert sie eigenmächtig auf allen Ebenen.

Sie hat es geschafft Israel die Stirn zu bieten, wirksame und vertrauenswürdige Institutionen parallel zu den öffentlichen aufzubauen, konsistent und kompromisslos ihre Ziele zu verfolgen und sich somit nicht nur im Libanon viel Ansehen erworben: „Hezbollah's popularity has nothing to do with how smart or practical its policies are. It has to do with its integrity, something that other regimes in the region lack. Arab regimes speak about prosperity, reform, and democracy, but fail to deliver; […]" (Elshobaki 2008: 19). Die Hisbollah bietet sich als Alternative zu den gescheiterten moderaten und radikalen Regimen im arabischen Raum an. Ihre Erfolge bringen diese in der gesamten Region unter Zugzwang. Einige religiöse Führer in sunnitischen Staaten sprechen Fatwas gegen die Partei Gottes aus und denunzieren sie als „Partei des Teufels" (Davis 2007: 37 & Handelsblatt 2006).

Abschließend zu diesem Punkt bleibt die Frage nach der zugrundeliegenden Zielsetzung und der Seriosität der mehrfach betonten Akzeptanz zum libanesischen Nationalstaat zu klären.

---

[44] Wie bereits herausgearbeitet, speist sich der Bürgerkrieg auch nicht hauptsächlich aus religiösen Quellen, sondern aus sozialen, gesellschaftlichen und politischen Spannungen zwischen, auf konfessioneller Grundlage organisierten, Gruppierungen.

Nasrallah hebt die libanesische Souveränität hervor und lehnt die Einmischung externer Akteure in interne libanesische Angelegenheiten strikt ab, bezieht sich dabei jedoch nur auf westliche Nationen. Die Schwächung dieser Souveränität durch die Quasi-Staatlichkeit der Hisbollah wird dabei ausgeblendet, ebenso die enge Bindung zu Syrien und den Iran. Zwar nennt er sie nur Verbündete, die sich jedoch nicht in innenpolitische Fragen einmischen würden (vgl. Diehl 2011: 141ff.). Doch diese Aussage ist bei der großen materiellen und ideologischen Unterstützung der beiden alliierten Mächte und der Organisationstruktur der Hisbollah mit dem *faqih* an der Spitze ausgesprochen zweifelhaft. Wie kann sich die Partei dem Libanon als oberstes Gut verpflichtet fühlen, wenn ihr Generalsekretär dem geistigen Führer Irans seine „absolute Gefolgschaft" (Diehl 2011: 165) zusichert? Die Zweifel werden noch untermauert durch die Äußerung des stellvertretenden Generalsekretärs Kassim, der erst in einem Interview in diesem Jahr erklärt, alle größeren Operationen seiner Organisation bedürften der Genehmigung des Iran (vgl. Realité EU 2011).[45] Auch wenn Nasrallah von der Hisbollah als libanesischer Organisation spricht, die offen sei für alle Libanesen, wird die Überordnung schiitisch-islamischer Ziele über die libanesischen deutlich (vgl. Diehl 2011: 132f.).

Überdies bleiben die bisher weitgehend nach innen praktizierte Gewaltlosigkeit und die Zustimmung zum Nationalstaat fraglich. Mehrfach sabotiert die Partei die Regierung und verschafft sich Vorteile, die nicht durch Wahlen gerechtfertigt sind. Sie schmälert dadurch die Legitimität der Regierung und des gesamten Systems. Allein den Druck, den sie aufgrund ihrer militärischen Macht aufbauen kann und dies auch 2008 eindrucksvoll demonstriert, lässt große Zweifel an ihrer bürgerlichen und demokratischen Kultur aufkommen (vgl. BS 2009: 24f. & Aras et al. 2009: 29). Ganz offen gibt Nasrallah zu Protokoll: „Nur wenn sich die Regierung nicht kompromissbereit zeige, werde man eventuell auch vor einem Sturz nicht zurückschrecken" (Diehl 2011: 151, Nasrallah am 19.11.06; 30.11.06: Aufruf zu Protesten gegen die Regierung). Einen friedlichen *coup d'etat* führt die Hisbollah 2011 herbei, doch zeigt sie sich in den innenpolitischen Spannungen kompromisslos und vermehrt gewaltbereit.

(k) Inklusion zivilgesellschaftlicher Akteure im politischen Willensbildungsprozess

Der Libanon hat eine der aktivsten und am wenigsten restringierten Zivilgesellschaften im arabischen Raum. Zwischen 4.000 und 13.000 NGOs sind insgesamt in allen Bereichen tätig

---

[45] Dementgegen steht die Überzeugung Stephan Rosinys, nach dem die Hisbollah ihre politischen und militärischen Entscheidungen weitgehend unabhängig von iranischen Weisungen trifft (vgl. ebd. 2008: 32).

(vgl. Ashour 2004: 44). Sie entstehen im Bürgerkrieg, als der Staat seiner Aufgabenerfüllung nicht mehr ausreichend nachkommen kann. Sie erbringen noch immer einen ausgesprochen großen Anteil genuin staatlicher Leistungen, doch können auch sie nicht die klaffenden konfessionellen *Cleavages* überwinden und eine übergreifende Zivilgesellschaft errichten. Jede Gruppierung hat ihre eigenen, von anderen Gruppierungen getrennten, Strukturen, auch wenn viele angeben, offen für alle Libanesen zu sein. Nachteilig wirkt sich der teils große Einfluss einiger zivilgesellschaftlicher Akteure durch das Patronagesystem in politische Ebenen aus (vgl. BS 2009 12ff.). Dies steigert die Intransparenz bei Entscheidungsprozessen. Außerdem führt die weitreichende Aufgabenerfüllung nicht-staatlicher Akteure ohne klare Kooperationsbeziehung zum Staat und ohne ausdrückliches Mandat zur Abnahme staatlicher Legitimität. Der Einfluss des dritten Sektors wird im folgenden Kapitel genauer betrachtet.

4.3 Wohlfahrtsfunktion

4.3.1 Erste Phase

In der Vorkriegsphase sorgen die liberale Wirtschaftspolitik und die relative demokratische Stabilität für gesunde Staatsfinanzen. Das durchschnittliche Defizit in Prozent des Bruttoinlandprodukts (BIP) beträgt nur 2,2 Prozent, die Netto-Neuverschuldung ist 1974 mit sogar minus 10,2 Prozent negativ. Die Wirtschaft wächst in dieser Periode mit durchschnittlich sechs Prozent jährlich. Öffentliche Güter können – die Palästinensergebiete ausgenommen – erbracht werden (vgl. Azar 2007: 204 & Gerngroß 2007: 159).

4.3.2 Zweite Phase

Das positive Bild trübt sich spätestens ab 1982 rapide ein. Der nationale wirtschaftliche Ertrag bricht während des Konflikts um die Hälfte ein, führt zum Ende Beiruts als bedeutenden wirtschaftlichen Umschlagplatz und schädigt den Ruf der stabilen Finanzmetropole in der arabischen Welt. Die Inflationsrate steigt. Die Regierung kann weder Steuern einziehen, noch den Güterfluss kontrollieren. Sie wird durch die Entstehung von Parallelwirtschaften auch ökonomisch marginalisiert. Dies führt zum Rückgang der Staatseinnahmen und schließlich zu einem wachsenden Ausfall. Die Bilanz ist erschütternd: Durchschnittlich weist das Budget ein Defizit von 9,3 Prozent des BIP auf, die Wirtschaft schrumpft um 1,5 Prozent jährlich und die Schuldenquote beträgt 1990 125,7 Prozent des BIP (vgl. Azar 2007: 204; IHS 2011: 15;

Kropf 2007: 93 & MOF 2011: 22). Die Schäden an der Infrastruktur des Landes belaufen sich schließlich auf circa 25 Milliarden US-Dollar (vgl. Barak 2003: 308).

4.3.3 Dritte Phase

(a) Überblick über die Wirtschaftsleistung

Nach dem 16-jährigen Bürgerkrieg liegt das Land am Boden. Doch die neoliberale Wirtschaftspolitik R. Hariris bringt den Wiederaufbau rasch voran.[46] Die Inflation bleibt auf einem niedrigen Level, aber die Verschuldung wächst weiter an (vgl. BS 2009: 14). Bis 2000 prosperiert das Land und kann in den ersten Jahren nach dem Bürgerkrieg ein zweistelliges Wirtschaftswachstum aufweisen (IHS 2011: 15f.). Dieses speist sich hauptsächlich durch die Erwirtschaftung im tertiären Sektor. Der Banken-, Tourismus und Handelssektor sind die entscheidenden Wirtschaftsfaktoren in dem rohstoffarmen Land. Das strikte Bankgeheimnis und wenige Restriktionen für Geldtransfers stellen Beiruts Reputation als Finanzmetropole des Nahen Ostens wieder her. Im Jahr 2000 beträgt das Defizit im Verhältnis zum BIP zwar schon 12,2 Prozent, allerdings fließen Investitionen in das Land und die Tourismusbranche wächst (vgl. Azar 2007: 205).

Doch 2001 wendet sich das Blatt. Das Haushaltsdefizit, die steigende Verschuldung, längst überfällige Strukturreformen und innenpolitische Spannungen lassen die Wirtschaft in die Rezession abrutschen. Die bedeutendsten Wirtschaftssektoren, das Finanz- und Tourismuswesen, reagieren auf politische Instabilität besonders empfindlich. Nicht nur die Politik zeigt sich unfähig langfristige Probleme anzugehen, auch in der Wirtschaft setzt sich eine fatalistische Mentalität durch, die mittel- und langfristige Planungen schwierig machen. Die Interventionen ausländischer Mächte zementiert die pessimistische Haltung und schafft auf Dauer eine Stimmungslage der Bedrohung (vgl. Azar 2007: 207). Diese Ängste werden 1993, 1996 und zuletzt durch die massiven Zerstörungen 2006 bestätigt, verursacht durch den Zweiten Libanonkrieg. Es werden mehr als 630 Kilometer Straßennetz, 32 Tankstellen, 145 Brücken, circa 7000 Wohnhäuser und unzählige Industrieanlagen zerstört (vgl. Ronnefeldt 2006). Der Sachschaden im Libanon wird auf bis zu vier Milliarden US-Dollar geschätzt. „In short, the war was a disaster for Lebanon economically [...]" (Norton 2007: 485). Außerdem werden weite Teile des Landes durch Umweltverschmutzungen wie der Ölkatastrophe vor der Küste und über zwei Millionen Cluster-Bomben und Anti-Personensprengkörper nachhaltig unnutz-

---

[46] Azar widerspricht der überwiegenden Meinung, in der ersten Dekade hätte ein *laissez faire*-Liberalismus geherrscht und verweist auf die syrische Vorherrschaft, wodurch tendenziell eine Entwicklung von einer liberalen Volkswirtschaft zu einer stark kollektivistischen Gesellschaft festzustellen sei (vgl. Azar 2007: 204).

bar gemacht (vgl. BS 2009: 19). Die Staatsfinanzierung gerät mehr und mehr in Schieflage und seit dem Haushalt 2005 wird vom Parlament kein Budgetplan mehr gebilligt.

In den folgenden Jahren hellt sich die Wirtschaftsleistung wieder leicht auf. Der reale BIP-Anstieg liegt im Zeitraum von 1998 bis 2009 bei ungefähr vier Prozent. 2008 wächst die Wirtschaft um 9,3 Prozent, 2009 um 8,5 und 2010 um sieben Prozent (vgl. IMF 2011: 12 & WB 2011). Marktleistungen (exklusive Handel, Transport und Kommunikation) machen 2009 mehr als 30 Prozent der Wirtschaftsleistung aus (vgl. MOF 2011: 30). Dazu trägt der Tourismussektor mit zwölf Prozent bei (vgl. IHS 2011: 16). Beirut steigt mit Dubai zum wichtigsten Reiseziel arabischer Touristen auf. Die Hauptausgaben des Budgets werden zur Kredittilgung und für den überwuchernden Bürokratie-Apparat aufgewendet. Das strukturelle Staatsdefizit nimmt in den letzten Jahren immer weiter zu und liegt 2010 bei 11,1 Prozent gemessen am BIP. Die Verschuldung klettert mit 52,2 Milliarden US-Dollar auf über 150 Prozent der Wirtschaftsleistung; mittlerweile steht die Ratio bei 133 Prozent und ist damit noch immer eine der höchsten weltweit (vgl. AA 2011a; Al Bawaba 2011; MOF 2011: 82 & Weiter 2007: 40). Bisher hat das Land jedoch keine Probleme seine Schulden zu refinanzieren. Die inländischen Banken halten die Mehrheit der Staatsschulden und 2010 Einlagen von über 273 Prozent des BIP, sodass sie die Staatsschuld finanzieren können (vgl. FAZ.net 2010). Sie profitieren vor allem vom Kapitalzufluss aus dem Ausland. Die ausländischen Geldreserven steigen in den letzten Jahren stetig an und belaufen sich 2010 auf 31,8 Milliarden US-Dollar. Die libanesische Zentralbank hält mit 13,1 Milliarden US-Dollar die höchsten Goldreserven aller Zentralbanken im Nahen Osten (vgl. IHS 2011: 9f.). Das Bankensystem kann 2010 einen beträchtlichen Nettogewinn verbuchen.

Trotzdem ist der Libanon weiterhin als Entwicklungsland zu bezeichnen (vgl. IMF 2011: 2 & Weiter 2007: 39). Das Land ist nicht nur anfällig für innenpolitische Konflikte, sondern reagiert angesichts der schwachen Binnenwirtschaft auch empfindlich auf kleinste Veränderungen auf dem internationalen Markt. Wenn die Kapitalströme oder der Tourismus nachlassen, wirkt sich das stark auf das Wachstum aus. Zudem ist das Land aufgrund seines hohen Handelsdefizits (es importiert bei weitem mehr, als es exportiert) anfällig für Preis- und Wechselkursschwankungen. Der syrische Nachbar nutzt den libanesischen Markt wiederholt, um den eigenen Überschuss zu niedrigen Preisen zu veräußern (vgl. BS 2009: 15f.).

Die Wirtschaft wird zu 60 Prozent von Oligopolen beherrscht, welche kaum reguliert werden (vgl. BS 2009: 14). Der Privatisierungsprozess gerät immer wieder ins Stocken und Privatisierungen im Telekommunikations- und Energiebereich werden schon seit Jahren vertagt (vgl. AA 2011a). Der informelle Sektor ist groß, doch Reformen zur Lösung der Probleme werden durch die beschriebenen institutionellen Schwächen wie Korruption und Klientelismus verhindert: „This political climate works in favor of short-term spending and increased division rather than unified efforts for implementation of long-term reform" (BS 2009: 3).

Die positive Wirtschaftsentwicklung seit 2008 ist vor allem auf die innenpolitische Beruhigung durch das Abkommen von Doha zurückzuführen. Auf die von der Hisbollah errichtete Subwirtschaft wird explizit in Punkt 4.3.3 (g) eingegangen.

(b) Arbeitslosigkeits- bzw. Erwerbsquote

Zahlen über Arbeitslosigkeits- und Erwerbsquoten sind im Libanon durch eine große Schattenwirtschaft, das strukturelle staatliche Verwaltungsdefizit und den hohen Anteil an palästinensischen Flüchtlingen nur wenig belastbar. Zwar ist die Arbeitslosigkeitsquote in den letzten Jahren durch den Wirtschaftsaufschwung gesunken und offizielle Stellen beziffern sie auf neun Prozent, doch wird inoffiziell eine Quote von 20 bis 25 Prozent genannt (vgl. BS 2009 13; IHS 2011: 16; IMF 2010: 87 & WB 2011). Besonders davon sind Jugendliche, Flüchtlinge und Frauen betroffen. Während laut Weltbank 2009 nur 22 Prozent der Frauen erwerbstätig sind, liegt die Zahl bei Männern mit 72 Prozent mehr als drei Mal so hoch (im formellen Sektor) (vgl. WB 2011).

In ihrer Rolle als ökonomischer Akteur schafft die Hisbollah Arbeitsplätze und fördert das Unternehmertum in den von ihr beherrschten Gebieten.

(c) Distribution wirtschaftlicher Ressourcen auf die Gesellschaft

Der Wiederaufbau des Landes nach dem Bürgerkrieg hat sich stark auf Beirut konzentriert. Es ist das wirtschaftliche Zentrum des Landes. Vor allem das Finanzwesen, der Tourismus- und Handelssektor werden gefördert. Dies kommt hauptsächlich der sunnitischen und christlichen Elite zugute. Die Landwirtschaft, kleinere Betriebe und Programme zur Bekämpfung der Arbeitslosigkeit werden lange Zeit vernachlässigt. Die ländlichen und vorwiegend schiitischen Gegenden (allen voran der Süden) leiden unter der schwachen Infrastruktur und hohen Erwerbslosigkeit. Das Einkommensgefälle zwischen der Hauptstadt inklusive den Küstenstreifen und den ländlichen Gebieten ist sehr hoch und wächst weiter (vgl. Weiter 2007: 39). Die Verarmung nimmt zu. 2009 leben acht Prozent der Bevölkerung in extremer Armut, 28 Prozent haben täglich weniger als vier US-Dollar zur Verfügung (vgl. BS 2009: 13ff.). Dem westlichen Wohlstand in der Hauptstadt steht unweit entfernt eine verarmte ländliche Region gegenüber, in der sich die Armutsfaktoren konzentrieren (vgl. Aras et al. 2009: 23). Die Disparitäten spiegeln sich auch in der Versorgung mit öffentlichen Gütern wider. Die Infrastruktur ist schwach ausgebaut, Gesundheitseinrichtungen und Schulen sind schlecht ausgestattet. Der eklatante Unterschied zwischen öffentlichen und privaten Bildungsstätten verschärft die Chancenungleichheit. Seit 2006 werden verstärkt Infrastrukturmaßnahmen zur Stärkung der Peripherie beschlossen, doch an der Umsetzung mangelt es (vgl. BS 2009: 19). Die Versorgung der notleidenden Bevölkerung ist eine Hauptaufgabe der Hisbollah. Mit einer eigenen Infrastruktur erbringt sie viele Leistungen, die der Staat seinen Bürgern schuldig bleibt.

(d) Zustand der menschlichen Entwicklung

Die Lebenserwartung beträgt im Libanon 72 Jahre, die Alphabetisierungsrate liegt bei 90 Prozent und steigt weiter (vgl. AI 2011: 205; MOF 2011: 37 & WB 2011). Immer mehr Mädchen und Frauen genießen eine Schulausbildung, in sekundären und tertiären Ausbildungsformen haben sie die Männer bereits überholt (vgl. WB 2011). Der *Human Development Index (HDI)* liegt bei 0,8[47], die Staatsausgaben für Bildung liegen bei 2,6 Prozent des BIP. Ein schlüssiges und langfristiges Bildungs- und Forschungskonzept ist bisher nicht erkennbar (vgl. BS 2009: 2; 20). Seit dem Ende des Bürgerkriegs sind auf diesem Gebiet große Fortschritte zu verzeichnen, doch zeitigen innere und äußere Konflikte stets schwere Rückschritte.

(e) Zustand staatlicher sozialer Sicherungssysteme

Ein soziales Sicherungssystem ist im Libanon nur rudimentär vorhanden, staatliche Investitionen in die soziale Absicherung sind gering. Knapp die Hälfte der Bevölkerung hat keine Krankenversicherung. Seit dem Ende des Zweiten Libanonkriegs 2006 verstärkt die Regierung die Bemühungen auf der sozialen Ebene. Ihre Ziele sind die Verminderung der Armut, Verbesserung von Bildung und Gesundheit, Erhöhung der Effizienz der öffentlichen Verwaltung, Verminderung regionaler Ungleichheiten und eine Verbesserung des sozialen Sicherungssystems (vgl. MOF 2011: 88). An der effektiven Umsetzung scheitert es jedoch. Diese Mängel werden von religiösen Wohlfahrtsverbänden wie der Hisbollah teilweise kompensiert (vgl. BS 2009: 13; 18).

---

[47] Der Wert liegt zwischen 0 (Minimum) und 1 (Maximum). Der HDI ist ein Wohlstandsindikator der Vereinten Nationen.

(f)   Höhe der Außenverschuldung und Grad der Außenabhängigkeit

Der Libanon hat seine Außenverschuldung in den letzten Jahren reduzieren können. Während sich die Schuldenlast im Jahr 2009 noch auf 24,66 Milliarden US-Dollar beläuft, ist sie im März 2011 mit 20,85 Milliarden US-Dollar bereits stark rückläufig, aber im Vergleich zur Wirtschaftsleistung noch immer sehr hoch (vgl. BS 2009: 14; MOF 2011 & WB 2011). Dass das Land noch nie die Rückzahlung seiner Schulden aufschieben musste, zeugt von einer guten Kreditwürdigkeit für ein Entwicklungsland. Der Libanon profitiert stark von ausländischer Finanzhilfe. Im Rahmen des *Zweiten Pariser Abkommens* werden dem Land 3,1 Milliarden US-Dollar langfristige Kredite und 1,3 Milliarden US-Dollar projektbezogen zugesagt, im *Dritten Pariser Abkommen* belaufen sich die Bewilligungen auf 7,6 Milliarden US-Dollar. Hinzu kommen weitere entwicklungspolitische Projekte, doch sind die Zusagen meist an innenpolitische Reformen (Privatisierungen, Abbau von Monopolen, etc.) geknüpft, die sich aufgrund politischer Blockadesituationen immer wieder verzögern (vgl. IHS 2011: 15f. & MOF 2011: 24; 42; 53). Allein 2009 beläuft sich die Netto-Summe der Entwicklungshilfe auf 640,98 Millionen US-Dollar. Hinzu kommen ausländische Direktinvestitionen in die libanesische Wirtschaft, die 2009 sowie 2010 jeweils fünf Milliarden US-Dollar erreichen (vgl. WB 2011). Im Jahr 2009 transferieren die im Ausland lebenden Libanesen 34 Milliarden US-Dollar in ihre Heimat und bescheren dem Libanon zusammen mit Katar als einzige Länder des Nahen Ostens einen Nettozufluss trotz des hohen Außenhandelsdefizits (vgl. BS 2009: 14 & FAZ.net 2010). Dieses erreicht 2010 mit 13,697 Milliarden US-Dollar eine neue Höchstmarke (TDS 2011b & IHS 2010: 14). Das ins Land strömende Kapital, bedingt durch Direktinvestitionen, Entwicklungshilfe und Tourismus ist somit der Grundpfeiler des Wirtschaftswachstums. Die sich daraus ergebenden Probleme liegen auf der Hand: Die libanesische Wirtschaft ist als Importnation stark vom Ausland abhängig. Zusätzlich wird die Innenpolitik durch die Vorgaben der Kreditgeber begrenzt. Der Regierung gelingt es nicht, ein von ausländischen Hilfen unabhängiges Wirtschaftswachstum zu generieren und einen sich selbst stimulierenden Wirtschaftsprozess in Gang zu bringen. Das Parlament ist bei Kreditaufnahmen im Ausland unzureichend bis gar nicht beteiligt (vgl. Azar 2007: 208). Finanzdienstleistungen und Tourismus sind für innenpolitische Spannungen besonders empfindlich. Diese Faktoren stellen das Wachstum auf tönerne Füße.

(g)   Zustand der Infrastruktur und des Gesundheitswesens

Das Hauptproblem des Libanon ist neben der hohen Verschuldung und dem labilen Wirtschaftswachstum die marode Infrastruktur. Ihre Erweiterung wird durch israelische Angriffe immer wieder um Jahre zurückgeworfen. Das Straßennetz ist ungenügend ausgebaut, eine störungsfreie Versorgung mit Wasser und Strom ist bis heute nicht landesweit sichergestellt (vgl. AA2011a; MOF 2011: 37 & WB 2011). Die staatliche Leistungserbringung wird im Folgenden anhand eines konkreten Bereiches aufgezeigt, auf dem Governance-Feld der Gesundheitsversorgung.

Im Verlauf des Bürgerkriegs werden die meisten öffentlichen Krankenhäuser zerstört und die staatlichen Einnahmen zur Finanzierung des Gesundheitswesens fallen weg. Eine regulierende Bürokratie existiert zu dieser Zeit nicht. Das entstehende Vakuum wird durch nicht-staatliche Akteure gefüllt, hauptsächlich ethno-religiöse Gruppen. Die Zahl der aktiven unabhängigen und halbstaatlichen NGOs ist groß und macht einen Überblick unmöglich[48]. Sie werden vor allem während des Kriegs zu Propagandazwecken gegründet. So unterhalten zum Beispiel die schiitische Hisbollah und die Amal, die sunnitische NGO *al-Hariri* und die katholische *Caritas* eigene private Kliniken für ihre Klientel. Nicht-staatliche Akteure haben den Staat verdrängt: „Today the private and NGO sector dominates the healthcare system, while public involvement is minimal [...]. Ninety percent of 11,533 beds that currently exist are in the private sector [...]" (Ashour 2004: 41). Es existieren kaum öffentliche Krankenhäuser. Die kleinen privaten Kliniken sind schon aufgrund ihrer Kapazitäten unwirtschaftlich, zudem haben sie sich auf hoch-technologisierte Behandlungsmethoden spezialisiert und die Grundversorgung vernachlässigt. Ihre gewinnmaximierende Ausrichtung treibt die Kosten in die Höhe. Zwar wird 1990 vom Gesundheitsministerium beschlossen, dass für jeden Bürger die Behandlung unabhängig von seinem finanziellen Status sein soll, doch ist dies bis heute nicht implementiert. Ein öffentliches Versicherungssystem ist nicht flächendeckend etabliert. Im klientelistischen System hängt die Versorgung stark von Kontakten ab. Die Gesundheitsversorgung bleibt für die Mehrheit der Menschen unzureichend, 80 Prozent können sich eine Behandlung in einer privaten Klinik nicht leisten.

Durch die Unfähigkeit des Staates, den privaten Sektor zu regulieren, ist die Ineffizienz hoch und die Kosten explodieren. Bis zu 80 Prozent des Gesundheitsetats werden schon in der Studie von Ashour aus dem Jahr 2004 für die Begleichung der Behandlungskosten in privaten Kliniken verwendet, wobei die Finanzierung der Kliniken wieder von der konfessionellen Ausrichtung abhängig ist (vgl. ebd. 2004: 41). Der Bau neuer Kliniken folgt nicht dem Prinzip der Notwendigkeit, sondern dem Wettbewerb zwischen den konfessionellen Gruppen. Doch auch hier sind regionale Unterschiede festzustellen. In den Gebieten, in denen die Hisbollah besonders stark vertreten ist, ist auch die Gesundheitsversorgung gut und besonders

---

[48] Vgl. Punkt 4.2.3 (k).

viele Kapazitäten verfügbar. Dies liegt nicht (nur) an den Managementfähigkeiten der Organisation, sondern auch am Wettbewerbsprinzip. Denn in solchen Gebieten versuchen auch andere Akteure, allen voran der Staat, sich neben der Partei Gottes zu profilieren. Daher ist die Gesundheitsvorsorge in Beirut, im Libanongebirge und im Süden besonders gut, während die Gesundheitsindikatoren im Armenhaus des Landes, im Norden, sehr niedrig stehen (vgl. Ashour 2004: 53).

Die aus dem Konfessionalismus erwachsenen Probleme treten auch hier wieder hervor. Staatliche Regulierung scheitert, wie in der Bürokratie, an der Ausbalancierung des religiösen Gleichgewichts. Selbst Kliniken, die nicht dem Gesundheitsstandard entsprechen, können sich allein aus ihrer konfessionellen Zugehörigkeit legitimieren. Übeteuerte Kosten werden durch klientelistische Netzwerke beglichen und entziehen sich einer Gegenrechnung (vgl. Ashour 2004: 158). Eine wirkungslose Legislative und Exekutive stehen einem starken dritten Sektor gegenüber. Es ist zu beobachten, dass staatliche Interventionen in den Gesundheitssektor von nicht-staatlichen Akteuren vehement behindert werden. Zwar sind die privaten Kliniken auf die staatlichen Gelder angewiesen, doch erwehren sie sich jeglicher externer Einmischung und Kontrollen. Sie befürchten den durch den Neubau öffentlicher Krankenhäuser entstehenden finanziellen Wettbewerb, den sie mit ihren ineffizienten und übeteuerten Kliniken nicht bestehen würden. Der zentrale Konflikt für die religiösen Akteure ist jedoch machtbegründet: „Government competition in these areas [public hospitals and clinics] poses a threat to the power position of religious heads and organizations in their relations with the community" (Ashour 2004: 161). Der von privaten Krankenhausbetreibern und religiösen Organisationen (was oftmals Hand in Hand geht) ausgeübte Druck auf die Regierung ist der Hauptgrund für die gescheiterten Versuche, der Regellosigkeit Einhalt zu gebieten. Es ist folglich eine staatliche Unfähigkeit zu beobachten, resultierend aus den Verwüstungen des Bürgerkriegs und der nachfolgenden bewaffneten Konflikten, die durch zum Staat konkurrierende Leistungserbringer aufrecht erhalten wird.

Während des Bürgerkriegs expandiert die Hisbollah als *grassroot*-Organisation (mit ausländischer Unterstützung) in den vom Krieg am schwersten zerstörten und staatlich vernachlässigten Gebieten. Sie weitet ihre Aktivitäten vom Widerstand auf soziale Versorgung der vornehmlich schiitischen Regionen aus und übernimmt schon in den 1980er Jahren in Abwesenheit des Staates eine Vielzahl seiner Aufgaben:

Sie reparierte Straßen, entsorgte Müll und errichtete Trinkwasserreservoirs. Sie verfolgte Straftaten, etablierte ein eigenes Gerichtssystem und sorgte so für ein gewisses Maß an innerer Sicherheit in den von ihr kontrollierten Gebieten. Nach Ende des Bürgerkriegs 1990 verstärkte sie noch den Ausbau ihres umfangreichen Netzwerks karitativer, pädagogischer, medialer und wirtschaftlicher Institutionen (Rosiny 2008: 30).

Sie wird in Teilen des Landes zum Hauptversorger mit essentiellen Dienstleistungen. Sie baut Wohnhäuser, unterhält allgemein bildende Schulen, Berufsfachschulen, Kindergärten, Krankenhäuser, in denen die Behandlung kostenlos ist, Behindertenzentren und religiöse Institutionen. Zudem organisiert sie Wirtschaftskooperativen und vergibt Mikrokredite. Sie hat Buchverlage, eine Fernseh- und mehrere Radiostationen (vgl. CFR 2010; Davis 2007: 45 & Rosiny 2008: 30f.). Die Organisation errichtet ein großzügig finanziertes Sozialsystem. Sie unterstützt Opfer israelischer Angriffe oder von Landminen Versehrte, Angehörige von Märtyrern, Behinderte, Senioren, Vertriebene, Waisen und Mittellose.

Anschaulich wird die Arbeitsweise der Hisbollah im Gegensatz zum Staat im Wiederaufbauprozess 2006. Hisbollah-Mitarbeiter suchen die Geschädigten persönlich und zeitnah auf und zahlen für jede zerstörte Wohnung 12.000 US-Dollar Soforthilfen in bar aus. Die staatlichen Stellen beschließen zwar auch Betroffene entschädigen zu wollen, und zwar mit 53.000 US-Dollar pro zerstörter Wohnung, doch mahlen die Mühlen der Verwaltung langsam, stellen Leidtragende vor hohe bürokratische Hürden und viele Hilfsgelder versickern im Sumpf der Korruption. Die Differenz zwischen staatlicher Entschädigung und tatsächlichem Schaden verspricht die Hisbollah zu übernehmen (vgl. Diehl 2011: 53 & Rosiny 2008: 30f.). Eine herausragende Rolle spielt die Unterorganisation *Jihad al-Binna (Bemühung des Aufbaus)*. Sie koordiniert die Leistungen, versorgt Bedürftige mit Strom und Trinkwasser und baut die In-frastruktur aus. In Südbeirut ist sie für 45 Prozent der Wasserversorgung zuständig (vgl. Davis 2007: 45).

Die Aktivitäten der Hisbollah gehen jedoch weit über Wohltätigkeit hinaus. Unterorganisationen und eigene Dienstleistungsunternehmen gelten als professionell und haben eine zum Staat parallele Binnenökonomie errichtet, die einen wichtigen Beitrag zur Entwicklung und Stabilität des Libanon leistet (vgl. Rosiny 2008: 30). Diese gefestigte Stellung in allen gesellschaftlichen, ökonomischen, politischen und religiösen Bereichen, unterstreicht die bereits getroffene Vermutung, die Hisbollah agiert als ‚Staat im Staate', oder wie Amal Saad-Ghorayeb, Professorin an der Libanesisch-Amerikanischen Universität es im Interview mit John Kifner ausdrückt, als „state within a non-state" (ebd. 2006).

> In this sense, Hezbollah acts as a parallel state within Lebanon. Hezbollah's strength lies in its capacity to offer some of the state services that the Lebanese state has failed to provide in response to the demands of the Lebanese people (Aras et al. 2009: 28).

Der Erfolg der Organisation und ihr starker Rückhalt kann auf drei Faktoren zurückgeführt werden: auf den Widerstand gegenüber Israel und die Hartnäckigkeit bezüglich des palästinensischen Problems, ihre engen Bindungen zu den schiitischen klerikalen Strukturen im Libanon und im Iran und ihre politische Ökonomie (vgl. Aras et al. 2009: 24). Die Hisbollah hat sich also als Rivale zum Staat positioniert. Ihren ‚Aufschwung' verdankt sie dabei ihrem Engagement innerhalb des Systems, um sich nun verstärkt als Gegenentwurf zu präsentieren. Doch woher nimmt sie die Mittel für ihre weitreichenden karitativen Leistungen und den Aufbau und die Instandhaltung ihrer militärischen Macht? Weder ihre heutzutage gut florierende Binnenwirtschaft noch die Gewinne aus vermeintlichen illegalen Geschäften erzeugen einen ausreichend großen Finanzpool. Auch weitere Einnahmen, wie in Form des *khums*[49], oder Spenden von Anhängern aus der ganzen Welt können die immensen Ausgaben der Partei Gottes nicht erklären. Wie mehrfach erwähnt, erhält die Hisbollah finanzielle und ideologische Unterstützung von externen Quellen. Ein offizieller Haushaltsplan der Hisbollah existiert zumindest außerhalb der Organisation nicht. Daher gehen die Schätzungen über ihre Finanzierung weit auseinander. Das jährliche aus dem Iran empfangene Budget umfasst zwischen 60 und 200 Millionen US-Dollar. Für besondere Ereignisse, wie dem Wiederaufbau nach kriegerischen Auseinandersetzungen werden zusätzliche Gelder zur Verfügung gestellt (vgl. Aras et al.; Realité EU 2011 & Wimmen/Sabra 2007: 19). Die Partei Gottes erhält diesbezüglich 2006 aus dem Iran mehr als 450 Millionen US-Dollar (vgl. Davis 2007: 46). Hinzu kommen Güter- und Waffenlieferungen und die Ausbildung von Kämpfern und Funktionären in der Islamischen Republik.

Die Unterstützung aus Syrien nimmt eine andere Form an: Durch den jahrelangen offenen und nun größtenteils verdeckten syrischen Einfluss auf die libanesische Innenpolitik kann die Hisbollah überhaupt erst zu ihrer aktuellen Größe reifen. Neben der machtpolitischen Hilfestellung unterstützt das Nachbarland die Organisation auch durch Waffenlieferungen und dient als Transitland für iranische Lieferungen.

Die ausländische Förderung macht die Hisbollah sowohl innenpolitisch als auch vom internationalen Markt unabhängig. Dies ist bei der Regierung anders. Sie muss auf internationalen Konferenzen um Mittel werben und kann diese dann nur zweckgebunden einsetzen. Zum Vergleich: Die USA sagen der libanesischen Regierung nach dem Krieg 2006 eine Milliarde US-Dollar Soforthilfe zu (vgl. Davis 2007: 46). Doch durch Korruption und die ineffizient arbeitende Verwaltung gelangt das Geld selten an das vorgesehene Ziel. Die Regierung

---

[49] Ein Fünftel des Geldes, das Schiiten nicht unmittelbar für den Unterhalt der Familie aufbringen müssen, spenden sie zur Hälfte an die Armen und die andere Hälfte an die geistliche Autorität. Nicht zu verwechseln mit dem *zakat* (vgl. Wimmen/Sabra 2007: 19).

arbeitet langfristige Infrastrukturpläne aus und muss zudem das Schuldenproblem in den Griff bekommen. Die Hisbollah dagegen kann sich aus einem prall gefüllten Finanzpool bedienen und unkomplizierte und schnelle Hilfe anbieten. Sie richtet sich nach keinen komplexen Infrastruktur- und Haushaltsplänen und ist lediglich dem Iran und Syrien gegenüber verantwortlich. Der Iran gibt die Unterstützung der Hisbollah, sowie der *Hamas* mehrfach offen zu (vgl. Realité EU 2011). Er unterstützt in Verletzung der Resolution 1701 die Bewaffnung der Organisation. Die Islamische Republik wird auch von der Seite der Hisbollah als wichtigste Unterstützung genannt. Auch syrische Offizielle bestätigen die Unterstützung für die Partei Gottes.

Aktuell tritt der Konkurrenzkampf um regionale Hegemonie zwischen dem schiitischen Iran (in Allianz mit dem mehrheitlich sunnitischen Syrien unter alawitischer Führung) und dem sunnitischen Saudi-Arabien in den Vordergrund (vgl. Thumann 2011: 11). Die Handlungen der Hisbollah sind sehr oft mit den Zielen seiner beiden Unterstützer deckungsgleich, was die Partei Gottes als Instrument gegen Israel, den Westen und die sunnitische Einflusssphäre erscheinen lässt. Doch ändert dies nichts an der starken Stellung der Partei Gottes innerhalb des Staates. Die Kombination von interner Stärke, externer Unterstützung und einer effektiven Kapitalbeschaffung geben der Hisbollah eine signifikante Autonomie im libanesischen Staat. Dies drückt sich in unerschütterlicher Verbundenheit großer Teile der Bevölkerung aus: „I feel that Hezbollah is the government. They protect us" (Cambanis 2006).

5 Konklusion und Ausblick

Mit Blick auf die Ergebnisse der Studie haben sich der Aufbau dieser Abhandlung sowie die methodische Vorgehensweise und der gewählte theoretische Ansatz als zielführend erwiesen. Es konnte die Evolution des Staates anhand der ihm zugeschriebenen Funktionen aufgezeigt werden, deren Erfüllung seine Existenzgrundlage bildet.

Im Laufe von Internationalisierung und Transnationalisierung ändern sich das Setting und die Akteurskonstellation grundlegend. Der ‚mystische' Leviathan, dessen Aktivierungsgrad immer weiter zunimmt, wird rechtsstaatlich gezähmt, expandiert dann auf seinem scheinbaren Zenit der Omnipotenz zum allgegenwärtigen Leistungs- respektive Interventionsstaat, bevor er in der globalisierten Welt nicht etwa Verantwortung oder Handlungsfelder abgibt – ganz im Gegenteil – aber sich aus seiner progressiven Rolle zurückzieht und nun mehr in einer regulierenden Position als Gewährleister fungiert. Genuin ureigene Staatsaufgaben werden in der modernen Welt zunehmend in Kooperation mit oder in Eigenregie von nicht-staatlichen Akteuren erbracht. Staatlichkeit wird zu einem Gemeinschaftsprodukt. Die Anknüpfung des Governance-Konzepts erlaubt es, diese veränderten Bedingungen angemessen zu berücksichtigen.

Während in (westlichen) entwickelten Staaten neue Formen des Regierens die staatliche Aufgabenerfüllung in mehr oder weniger gegenseitigem Einverständnis ergänzen statt sie zu ersetzen, kann die Aufgabenerfüllung durch nicht-staatliche Akteure in Räumen begrenzter Staatlichkeit die staatliche Legitimationsbasis unterminieren. Das heißt, die Akteure treten in einen gewissen Wettbewerb, welcher als der für diese Untersuchung entscheidende Governance-Mechanismus identifiziert wurde. Ob ein Konkurrent dabei legitimer und akzeptierter Governance-Akteur ist oder nicht, spielt keine Rolle. Die umfangreiche Analyse untersuchte dazu das Ausmaß der staatlichen Performanz der Republik Libanon und parallel dazu die Tätigkeiten der schiitischen Widerstandsbewegung und politischen Partei Hisbollah. Dabei war die Frage zu klären, ob die Partei Gottes als Unterstützer staatlicher Leistungserbringung auftritt und sie mit dem Staat die Aufgaben gemeinschaftlich-‚symbiotisch' erbringt, oder aber, und dies war die These dieser Studie, ob sie mit ihrer Quasi-Staatstätigkeit die staatliche Souveränität unterminiert und eigene Ziele verfolgt, den Staat und ihr politisches Engagement lediglich ausnutzt und die Staatlichkeit zu ihren Gunsten schwächt.

Das Ergebnis bestätigt die getroffene Annahme. Es wurde deutlich, dass die Hisbollah ein wichtiger Grund für die schwache Staatlichkeit des Libanon ist. Mehr noch: Sie profitiert von seiner Schwäche und tritt auf allen drei Funktionsbereichen, Sicherheit, Herrschaft und Wohlfahrt als parallele Autorität zu ihm auf.

Der libanesische Staat kann sein Gewaltmonopol bis heute nicht auf sein gesamtes Hoheitsgebiet ausweiten. Zwar erlangt er mit dem Ende des *Pax Syriana* seine Souveränität formal zurück, doch bleibt der syrische Einfluss bis heute innenpolitisch richtungsweisend. Israel hält bis zu seinem Abzug im Jahr 2000 knapp zehn Prozent des Territoriums besetzt und okkupiert bis heute kleinere Gebiete in den Golanhöhen. Insgesamt drei Mal kommt es im Untersuchungszeitraum zu größeren israelischen Militäroperationen, denen sich die libanesischen Streitkräfte nicht entgegenstellen können. Das staatliche Machtvakuum nutzt die Hisbollah aus und unterhält eine eigene hochgerüstete Privatarmee, die ihr eine uneingeschränkte militärische Hoheit im Südlibanon, Südbeirut und in der Bekaa-Ebene sichert. Auch die palästinensischen Flüchtlingslager entziehen sich jedweder staatlicher Kontrolle. Die UNIFIL-Truppen sind ein weiterer Akteur auf libanesischem Boden, der über ein ausgedehntes Mandatsgebiet verfügt und die volle Souveränität des Staates limitiert. Das Problem der Gebietshoheit wird vergrößert durch die bis heute nicht eindeutig festgelegten Grenzen des Libanon zu seinen Nachbarländern. Vor allem von der Durchlässigkeit der libanesisch-syrischen Grenze profitiert die Hisbollah in Form von Handel, Waffenlieferungen und freier Mobilität für ihre Mitglieder.

Die Fragilität des staatlichen Gewaltmonopols ist Produkt und zugleich Ursache für die hohe Zahl nicht-staatlicher und nicht-libanesischer Akteure auf der nationalen Bühne. Die engen Bande an ausländische Mächte, die die verschiedenen, durch den Konfessionalismus separierten und polarisierten, gesellschaftlichen Gruppen während des Bürgerkriegs knüpfen, wirken sich bis heute aus. Innenpolitische Angelegenheiten werden internationalisiert und bewirken die Einflussnahme zahlreicher externer Akteure. Von der Gemengelage der verschiedenen Gruppen und Interessen geht die Hisbollah als unbestreitbar stärkste libanesische Kraft hervor. Sie verfügt über ein großes Arsenal konventioneller, chemischer und biologischer Waffen mit teils großer Reichweite. Zudem unterhält sie eigene Verteidigungsanlagen. Dies macht sie zum innenpolitischen, aber auch außenpolitischen Vetoakteur, der mit seinem Machtpotential Regierungshandeln diesseits und jenseits der Grenzen beeinflussen kann. Die Sicherheitskräfte sind der schiitischen Widerstandsmiliz qualitativ unterlegen. Das Militär ist im Innern zwar zentrale staatliche Ordnungsmacht, doch hält es sich grundsätzlich aus konfessionellen innenpolitischen Konflikten – und das umfasst beinahe alle – heraus. Das Ziel von Damaskus und der Hisbollah ist eine schwache Armee, die der Hilfe der Widerstandsorganisation bedarf, um die Grenzen zu sichern und die das Gewalt- und Rechtsetzungsmonopol der Hisbollah in ihren Gebieten nicht streitig machen kann. Die teils außerhalb des Rechts agierenden Sicherheitskräfte verspielen das ohnehin schon wenige Vertrauen der Bevölkerung, was der Hisbollah nur zugutekommen kann. Die vehemente Kompromisslosigkeit der Hisbollah führt zur innenpolitischen Verschärfung der Lage, vor allem durch die von ihr verursachten Regierungskrisen. 2008 kommt es bereits zu blutigen Auseinandersetzungen zwischen Anhängern des Regierungslagers und der Hisbollah-dominierten Opposition. Der letzte ‚Sturz' der Regierung im Januar 2011 verschärft die Spannungen zwischen Sunniten und Schiiten weiter. Die militärische Vormacht der Hisbollah bewirkt eine Rüstungsspirale unter den Milizen. Opfer dieser Strategie sind die libanesische Zivilbevölkerung und staatliche Strukturen. Von der Paralysierung des Staates profitiert wiederum die Hisbollah. Sie verfolgt als nicht-staatlicher Akteur eine unabhängige Außenpolitik und zieht den Libanon eigenmächtig wiederholt in den Krieg mit Israel und weitet den Israel-Hisbollah-Konflikt zu einem Israel-Libanon-Konflikt aus, insbesondere nun da die von der Hisbollah dominierte Koalition des 8. März die Mehrheit im Kabinett stellt. Der libanesische Staat wird dabei zum ‚Zaungast' bei Kämpfen auf seinem eigenen Territorium. Die Partei Gottes sorgt mit Verstößen gegen die Resolutionen zur Entwaffnung und Durchsetzung einer waffenfreien Zone für die Fortführung des Konflikts. Von der fortwährenden Anspannung profitiert sie, da sie daraus ihren politischen Sonderstatus als Widerstandsbewegung aufrechterhalten, ihre Bewaffnung, die kontrollierten Gebiete und ihre engen Beziehungen zu Syrien und dem Iran legitimieren kann. Der libanesische Staatsraum entwickelt sich im Bürgerkrieg zu einem Terrain, auf dem externe Akteure ihre Stellvertreterkriege ausfechten – und er ist dies bis heute geblieben. Die Stabilität des Landes wird somit durch interne und externe Konflikte beeinträchtigt. Zusammenfassend zur Sicherheitsfunktion lässt sich feststellen, dass der libanesische Staat diese nur ungenügend erfüllen kann. Wie eingangs hervorgehoben, bildet sie jedoch die Voraussetzung für die Funktionen Herrschaft und Wohlfahrt.

Die staatliche Performanz bezüglich der Herrschaftsfunktion ist mindestens genauso mangelhaft. Konsens, Konfessionalismus und Korruption: Diese Elemente sind im Libanon auf eine unheilvolle Weise miteinander verbunden und haben eine Reihe von Folgen für Gesellschaft, Politik und Wirtschaft: Der Proporz der konfessionellen Gruppen hinsichtlich der staatlichen Organisation ist die bestimmende Strukturdeterminante der Konkordanzdemokratie, in der alle wichtigen Entscheidungen stets im Konsens der führenden Gruppen getroffen werden müssen. Mit der Betonung dieser religiösen Komponente geht die bis in die Moderne konservierte feudale Gesellschaftsordnung einher, in der Clanführer und mächtige Familien die politischen Geschicke ihrer jeweiligen Gruppe determinieren. Die unmittelbaren Folgen dieser primordialen, unflexiblen Ordnung liegen auf der Hand: Patronage, Korruption und Nepotismus. Die mittelbaren Folgen sind vielfältig. Legislative, Exekutive und Judikative sind von den drei genannten Übeln ergriffen. Sie machen in Kombination mit dem Konfessionalismusprinzip weitreichende Reformen in der tief gespaltenen Gesellschaft nahezu unmöglich. Die Input-Dimension offenbart ein großes Legitimitätsdefizit. Entscheidungen werden in intransparenten Verfahren getroffen und politische Kräfte blockieren sich gegenseitig. Die Exekutive erweist sich als ineffektiv, Ministerien arbeiten teils gegeneinander und sorgen so für Nulleffekte. Die Responsivität des politischen Systems ist gering, die Output-Legitimität infolgedessen auf einem niedrigen Niveau. Aufgrund des staatlichen Unvermögens, die grundlegenden Anforderungen der Bevölkerung zu bedienen, steigt die Zahl der NGOs schon während des Bürgerkriegs rasant an. Der hohe Anteil der konkurrierenden, eigenwilligen zivilgesellschaftlichen Akteure in einer stark polarisierten Gesellschaft macht es für den Staat schwierig, eine passende Antwort auf die jeweiligen Bedürfnisse zu finden und ihren Einfluss einzugrenzen. Die Hisbollah kann von der Unüberschaubarkeit der Lage nur profitieren, da der Staat auch durch die Wechselwirkungsprozesse mit anderen Akteuren beansprucht wird.

Die syrischen Interventionen bei den Wahlen bis 2005 kommen ihr ebenfalls zu gute. Doch sie sind noch immer manipuliert. Die Mobilisierung der Wähler folgt weniger (bis gar nicht) politischen Argumenten als vielmehr der Verantwortung der eigenen Gruppe gegenüber und wird durch die Methode der *Securitization* radikalisiert. Besonders die Hisbollah bedient sich dieser Strategie, um ihre Anhänger zu mobilisieren. Die Radikalisierung und Abgrenzung der gesellschaftlichen Gruppen untereinander spielt der Organisation in die Hände. Sie kann sich offiziell als Mittler geben und die Ausgrenzung anprangern, hat als substaatlicher Akteur jedoch nicht die Verantwortung für eine Verbesserung der Lage. Die Palästinenser sind ein wichtiger Verbündeter der Partei, sowohl im Kampf gegen Israel als auch als weiteres destabilisierendes Element gegenüber dem Staat. Verletzungen von Menschenrechten von dessen Seite aus sowie eine nicht-unabhängige Justiz und ausufernde Korruption und Klientelismus rechtfertigen nicht nur die Errichtung eigener Institutionen durch die Hisbollah, sondern lassen die staatlichen Institutionen auch nicht als moralisch überlegen erscheinen. Ganz im Gegenteil, sie verspielen das Vertrauen der Bevölkerung und lassen der Partei freie Hand bei ihrer Rechtsdurchsetzung in den von ihr kontrollierten Gebieten.

Die funktionale Ohnmacht staatlicher Institutionen führt zur Abwendung der Bevölkerung vom Staat und der Zuwendung zu Religion und Familie, was auch in einer ideologischen, gar in einer Identitätskrise des Staates mündet. In dieser Situation ist es folglich für den Staat nicht möglich, die Bevölkerung mit Leistungen zu versorgen. Die nationale Kohäsion ist gering, eine belastbare nationale Identität nicht existent. Stattdessen dominieren die gesellschaftlichen Grabenkämpfe, die der Staat nicht eindämmen kann. Er wird von der Mehrheit der Bevölkerung nicht als neutraler Vermittler wahrgenommen, denn er verkörpert mit seinem Proporzsystem die gesellschaftlichen Gegensätze, was wiederum Antipathien verschärft und ihn zum Spielball interner, sowie externer Akteure macht. Es handelt sich, wie bereits festgestellt, um ein *Perpetuum mobile* staatlichen Autoritätsverlusts. Dabei trägt die Partei Gottes zur Blockade des Regierungshandelns entscheidend bei, sabotiert die Regierung und erzwingt sich zuweilen mehr Mitsprache, als ihr dies nach Wahlen möglich wäre. Sie setzt nicht nur auf politische Überzeugungskraft sondern auch auf ihre militärische Macht. Diese nutzt sie zur Einschüchterung und gezielten Einflussnahme. Bei den Ausschreitungen 2008 geht sie auch offensiv gegen ihre innenpolitischen Gegner vor, was ihrem betont friedvollen Charakter als Widerstandsbewegung gegen externe Feinde schweren Schaden zufügt. Doch ihr Generalse-kretär gibt die Gewaltbereitschaft seiner Organisation schon 2006 zu Protokoll und wiederholt diese mehrfach in Anbetracht der ausgestellten Haftbefehle des STL.

Die Auseinandersetzungen mit Israel wirken sich in großflächigen Zerstörungen der Infrastruktur des Landes aus. Obwohl die Hisbollah mehrfach die israelische Reaktion durch ihre Operationen herausfordert[50], kritisiert sie parallel dazu staatliche Ineffizienz und errichtet eigene Institutionen, die im direkten Wettbewerb zu den staatlichen stehen, was diese wiederum schwächt. Die Wirtschaft des Entwicklungslandes leidet unter den nachhaltigen und sich wiederholenden Zerstörungen, die damit verbundene Instabilität, dem ineffizienten Staatsapparat und der ausufernden Schattenwirtschaft. Dies führt zu einem der höchsten strukturellen Staatsdefizite gemessen am BIP weltweit. Das hohe Außenhandelsdefizit des rohstoffarmen Landes kann nur durch die wichtigsten Wirtschaftssektoren – das Finanzwesen und den Tourismus – ausgeglichen werden. Dies macht das Land allerding in hohem Maße von politischen Krisen und Preisschwankungen auf dem internationalen Markt abhängig. Die hohe Außenverschuldung, ausländische Direktinvestitionen und Remissen führen zu einem ungleichen Abhängigkeitsverhältnis, in dem der Libanon leicht beeinflussbar und außergewöhnlich stark von internationalen Entwicklungen abhängig ist.

Die Arbeitslosigkeit sowie der Wohlstand sind regional sehr ungleich verteilt. Vor allem die ländlichen und schiitischen Gebiete sind benachteiligt. Das staatliche soziale Sicherungssystem ist kaum ausgebaut. Auch die Infrastruktur weist große Schwächen auf. Anhand des Gesundheitswesens konnte gezeigt werden, wie das Fehlen staatlicher Regulierung die staatliche Labilität weiter verschärfen kann. Viele private Akteure, nicht nur die Hisbollah, führen durch ihr Verhalten zu einer Fortführung und Verschlimmerung der staatlichen

---

[50] Es soll nochmals darauf hingewiesen werden, dass die Frage nach der Legitimität ihres Widerstandskampfes davon unberührt bleibt.

Schwächen. Die Partei Gottes ist aufgrund ihrer professionellen Gliederung in verschiedene Unterorganisationen eine besonders ernsthafte Konkurrenz zum Staat. Mit einem breit angelegten Sozialsystem kann sie Armut nicht nur abfedern, sondern gleichsam auf die Gesundheitsversorgung und das Bildungswesen einwirken. Als Arbeitgeber und Unternehmer erschafft und unterhält sie einen Wirtschaftskreislauf, der mittlerweile zu einem wichtigen Bestandteil der Binnenökonomie geworden ist.

Die Pflicht zum Dschihad, welche ihre Mittel innerhalb und außerhalb des Staates heiligt und ihr erlaubt, sich jeglicher Kritik im Diesseits mit Verweis auf den göttlichen Auftrag zu entziehen, wird kombiniert mit ihrer breit angelegten sozialen Arbeit und ihrer unbürokratischen Hilfe in Notsituationen. Dadurch schafft sie eine holistische und mit Leistungen untermauerte Ideologie, die das Identitätsvakuum füllen kann, welches der Staat hinterlässt. Sie wird so zu einem wichtigen gesellschaftlichen Akteur, der sich auf großen Rückhalt in der (vor allem schiitischen) Bevölkerung stützen kann. Dies macht sie zu einem legitimen politischen Mitspieler.

Doch sind auch die Ziele der Hisbollah legitim? Es ist deutlich erkennbar: Sie setzt multidimensional an den Schwachstellen der Staatlichkeit an. Zwar beteuert sie, die staatliche Vorherrschaft zu respektieren, doch wird in den Äußerungen führender Funktionäre der Vorbehalt zu selbstständigen Interventionen deutlich, nämlich immer dann, wenn der Staat seinen Aufgaben nicht nachkommen kann. Die Bestimmung, wann genau dieser Fall eintritt, hält sich die Organisation offen. Es bleiben mithin keine Zweifel, dass die Organisation sich als ‚Staat im Staate' in Anbetracht der staatlichen Schwächen etablieren konnte. Dabei spielt sie eine auffallend widersprüchliche Rolle. Als Oppositionspartei bedient sie sich einer konfrontativen, kompromisslosen Rhetorik und stellt Forderungen, deren Erfüllungen für staatliche Institutionen teils außerhalb ihrer Möglichkeiten stehen – auch aufgrund der vorausgegangenen Handlungen der Partei. Obwohl sie erst durch die Akzeptanz des politischen Systems zu ihrer herausragenden politischen Position gelangen konnte, kritisiert sie just dasselbe System und diskreditiert es mit ihrer Quasi-Staatstätigkeit. Sie spielt ein doppeltes Spiel als politische Partei und Anti-System-Partei inner- und außerhalb des Staates und ist ihm somit immer einen Schritt voraus.

Die Hisbollah profitiert auf allen drei Funktionsebenen vom schwachen Staat. Ihre Aktionen sind ein wichtiger Grund für das andauernde Bedrohungsszenario, einer an Legitimation mangelnden Staatsgewalt und eine marode Infrastruktur. So kann sie ihren *raison d'être* wahren und als ‚besserer' Governance-Akteur auftreten. In Anbetracht der Untersuchung kann zweifelsfrei behauptet werden, die Partei Gottes entsteht während des Bürgerkriegs infolge schwacher Staatlichkeit und heizt den sich ohnehin schon selbst beschleunigenden staatlichen Delegitimierungsprozess weiter an. Ob es nun erklärtes Ziel ist oder nicht: Durch ihre Handlungen ist sie in der Lage, den libanesischen Staat (mindestens) friedlich zu übernehmen. Diesem ‚Ziel' ist sie mit der neuen Kabinettsbildung Mitte 2011 ein entscheidendes Stück näher gekommen.

In Anbetracht dieser Ergebnisse kann nun der Bogen zum Titel dieses Buches geschlagen werden. Es wurde deutlich, dass die Einordnung der Hisbollah stark vom Blickwinkel auf sie, von der Situation im Land und von den spezifischen Funktionsfeldern abhängt, auf denen sie tätig ist. Fluch und Segen liegen zeitweise dicht beieinander.

Es steht außer Frage, dass die schiitische Organisation essentielle Leistungen für große Teile der Bevölkerung erbringt. Diese tragen zu den Funktionen bei, die eigentlich der Staat erfüllen müsste. Der Rückhalt bei weiten Teilen der (überwiegend schiitischen) Bevölkerung rechtfertigt ebenfalls ihre politische Stellung. Die Partei spielt dadurch zurzeit eine maßgebliche Rolle innerhalb des Libanon. Diese Stellung hat sie aber erst durch die Schwächung staatlicher Institutionen und dem stark damit verbundenen Aufstieg als parallele Autorität zum Staat erreicht. Auf der einen Seite nutzt die Partei Gottes den größtenteils vom Staat aufrechterhaltenen institutionellen Rahmen, wie das politische, wirtschaftliche und gesellschaftliche System, um ihre Machtbasis im Land auszubauen. Auf der anderen Seite zweigt sie Ressourcen ab und verstärkt die Abneigung der Bevölkerung gegen den Staat, um diese Abneigung in Zustimmung für sich selbst zu transformieren. Mit ihrem Status als politische Partei und gleichzeitig bewaffnete Widerstandsorganisation treibt sie die staatliche Schwächung gezielt voran. Sie untergräbt bestehende Institutionen und ersetzt sie sukzessive mit eigenen. All dies spricht zugespitzt formuliert für ein Nutznießer-Verhalten der Hisbollah.

Im Anschluss bleibt nun noch die Frage nach der Prioritätensetzung der Organisation. Steht trotz ihrer Untergrabung staatlicher Autorität das Wohl der Libanesen an oberster Stelle ihrer Agenda, wie die Organisation behauptet? Nasrallah betont in Anbetracht westlicher Interventionen, ob nun militärisch oder finanziell, jegliche Einmischung externer Akteure sei als Verletzung der Souveränität des Libanon zu werten. Doch kann diese Forderung lediglich als ideologisches Lippenbekenntnis eingeordnet werden, da die Hisbollah zum einen selbst diese schützenswerte Souveränität untergräbt. Zum anderen wurde festgestellt, dass ihre signifikante Rolle als Rivale zum Staat substantiell auf der syrischen und iranischen Unterstützung in Form von ausgiebigem materiellen, ideologischen und logistischen Engagement und internationaler Rückendeckung durch ihre Fürsprecher beruht. Bei einer so weitgehenden Hilfe stellt sich automatisch die Frage nach der Gegenleistung. Dies wird noch deutlicher, wenn die Organisationstruktur der Hisbollah betrachtet wird, mit dem Obersten Rechtsgelehrten der Islamischen Republik an ihrer Spitze. Wenn die uneingeschränkte Folgebereitschaft ihm gegenüber zum Handlungsprinzip der Organisation erhoben und zugleich eingeräumt wird, dass keine größeren Aktionen ohne die Zustimmung des Iran stattfinden, dann lässt das vermuten, dass iranische und syrische, mindestens aber schiitisch-islamische über den libanesischen Zielen stehen mögen. Es liegt nahe, dass der Iran und Syrien die Partei Gottes als Vehikel benutzen, um auf die libanesische Innenpolitik Einfluss zu nehmen. Dies wiederum dient dem Kampf gegen Israel, die USA und dem gesamten Westen und zugleich dem Hegemonialstreben in der Nah-Mittelost-Region.

Wie wird sich die Lage in der nächsten Zeit entwickeln?
Seit Juni 2011 dominiert die Hisbollah das Kabinett. Es bleibt abzuwarten, wie sie sich in Regierungsverantwortung verhalten wird. Die internationalen Verpflichtungen durch das STL wird sie weiter versuchen zu stören und die Regierung wird die Haftbefehle höchstwahrscheinlich nicht vollstrecken. Eine Aufkündigung der Zusammenarbeit mit dem Tribunal ist denkbar. Die Hisbollah kann nun aus ihrer derzeitigen Position heraus mehr Staatsmacht an sich ziehen, den Aufbau des Landes vorantreiben und das Vertrauen aller Bürger versuchen zurückzugewinnen. Oder aber sie führt die Untergrabung der staatlichen Autorität fort und den Kollaps des Staates herbei. Eine Vertiefung des Schismas zwischen Schiiten und Sunniten scheint auf kurze Sicht schon allein aufgrund des STL wahrscheinlich. Doch selbst der Süden des Landes wird es nicht mehr lange hinnehmen, Schauplatz des Hisbollah-Israel-Konflikts zu sein, da der Sinn des Widerstandes in letzter Zeit viel Skepsis hervorgerufen hat. Die Mehrheit des Volkes sieht in den Shebaa-Farmen nur eine notgedrungene Rechtfertigung für die Aufrechterhaltung der Feindseligkeiten durch die Hisbollah und Syrien. Doch die Hisbollah zeigt sich in letzter Zeit auch innenpolitisch vermehrt konfrontationsbereit. Ihre Waffen wird sie auch weiterhin nicht abgeben. Dies hat wiederum außenpolitische Konsequenzen. Die nächsten Wahlen stehen erst im Frühjahr 2013 an, eine Eskalation der Auseinandersetzung mit Israel ist nicht auszuschließen. Die Hisbollah ist so hoch gerüstet wie noch nie, Israel kann den bewaffneten Arm des Iran an seiner Grenze nicht weiter dulden. Die Lage wird noch verschärft durch das iranische Atomprogramm. Bei einem derzeit diskutierten Militärschlag gegen den Iran ist es sehr wahrscheinlich, dass dazu im Vorfeld die Raketenarsenale der Hisbollah angegriffen würden, um den sicheren Vergeltungsschlag ihrerseits bei

einem Angriff auf ihren Verbündeten abzuschwächen. Der dramatische Antagonismus zwischen Israel und der Hisbollah macht ein Ende des Konflikts in naher Zukunft unwahrscheinlich. Ihre gegenseitigen Feinderklärungen lassen keinen Kompromiss zu, sondern nur die Vernichtung des Feindes als einzige Handlungsoption.

Die Hisbollah ist von den Unruhen in Syrien und Iran indirekt betroffen. Für sie würde eine Änderung der Strukturen in beiden Ländern höchstwahrscheinlich Nachteile mit sich bringen. Die Beziehungen zum syrischen Staatschef Baschar al-Assad sind herausragend gut, die derzeitige einzige Alternative zu ihm, die *Muslimbruderschaft*, steht wiederum eher Saudi-Arabien nahe. Zu der iranischen Unterstützung gibt es keine Alternative, daher nimmt jeder Regimewechsel auch die Dimension einer persönlichen Bedrohung für die Partei Gottes an.

Eine Stabilisierung des Libanon ist nur zu erreichen, wenn der Israel-Hisbollah-Konflikt beigelegt wird. Dies scheint, wie eben festgestellt, schwierig. Daher muss der Gesamt-Komplex betrachtet werden, in dem dieser Konflikt eingebettet ist. Der Palästinakonflikt entwickelte sich zu einem arabisch-israelischen Konflikt. Israel steht mit Syrien, dem Iran und deren beiden Verbündeten Hisbollah und Hamas einer Widerstands-Achse gegenüber. Dabei ist der Einfluss auch anderer (arabischer) Staaten nicht auszublenden. Die israelische Besetzung der Golanhöhen bleibt ein Anreiz für Syrien, Israel über den Libanon zu stören. Die Besetzung der Shebaa-Farmen rechtfertigt für die Hisbollah ihren Widerstand.

Der Weg zur Entschärfung des Konflikts liegt beim *powerbroker* Syrien. Die Damaszener Republik ist nach wie vor Schlüsselfaktor in der libanesischen Innenpolitik als auch Türöffner für den iranischen und saudischen Einfluss. Der Frieden mit Syrien ist für Israel die einzige Möglichkeit, die Hisbollah als akute Bedrohung auszuschalten. Nur Syrien könnte für eine Entwaffnung der Schiitenmiliz sorgen. Zudem würde der Rückzug der Israelis von allen besetzten Gebieten sowohl der Hisbollah, als auch Syrien eine (!) Rechtfertigung zur Konfliktbeibehaltung nehmen. Dennoch bleibt zu bedenken, dass, solange der Palästinenserkonflikt nicht gelöst ist, die Hisbollah den Widerstand auf Rücksicht auf ihre palästinensischen Kampfesgenossen kaum aufgeben wird.

Außerdem müsste die Hisbollah auch in internationalen Konferenzen als Verhandlungspartner anerkannt werden. Sie ist ein elementarer Bestandteil der libanesischen Gesellschaft und kann nicht isoliert betrachtet werden. Dies könnte wiederum in einer Liberalisierung ihrer Ideologie und gegebenenfalls einer Abschwächung ihrer radikalen Forderungen resultieren. Die Lösung des Palästinaproblems bleibt dabei die elementare Lösungsformel zur Befriedung aller anderen Konflikte. Die internationale Gemeinschaft ist gut beraten, ihren Verpflichtungen durch die Beibehaltung, möglicherweise gar die Ausweitung der Blauhelm-Missionen und Verhandlungen mit *allen* Parteien nachzukommen, unabhängig von ideologischen Grabenkämpfen und terroristischer Verdammungsrhetorik.

Literaturverzeichnis

Monographien

Amnesty International (AI) (2011): *Amnesty International Report 2011. The State of the World's Human Rights*. London: Amnesty International

Ashour, Sanaa (2004): *Ethnic Politics and Policymaking in Lebanon and Malaysia. A Comparative Analysis of the Health Sector*. Göttingen: Cuvilier

Augustinus, Aurelius (1955): *Vom Gottesstaat*. Werke des Augustinus, Band 2, 4, Originaltitel: *De civitate dei*. Thimme, Wilhelm (Hrsg.), Zürich: Artemis

Azar, Pierre (2007): *Good Governance und wirtschaftliche Entwicklung. Eine Analyse am Beispiel der libanesischen Budgetpolitik*. Saarbrücken: VDM (zugleich Dissertation Friedrich-Alexander-Universität Erlangen-Nürnberg 2006)

Benz, Arthur (2008): *Der moderne Staat. Grundlagen der politologischen Analyse*. 2. überarbeit. und erw. Aufl., München: Oldenbourg

Benz, Arthur (2007): *Handbuch Governance. Theoretische Grundlagen und empirische Anwendungsfelder*. Wiesbaden: VS

Bertelsmann Stiftung (BS) (2009): *BTI 2010 – Lebanon Country Report*. Gütersloh: Bertelsmann Stiftung

Bevc, Tobias (2007): *Politische Theorie*. Konstanz: UVK

Buzan, Barry/**Wæver**, Ole/**de Wilde**, Jaap (1998): *Security. A new Framework for Analysis*. Colorado et al.: Lynne Rienner Publishers

Chomsky, Naom (2002): *Offene Wunde Nahost. Israel, die Palästinenser und die US-Politik*. Aus dem Amerik. übers. von Haupt, Michael, Hamburg et al.: Europa

Davis, Peita (2007): *Filling the Void: Hizbullah's State Building in Lebanon*. unv. Diplomarbeit, University of Sydney

Denninger, Erhard (1990): *Der gebändigte Leviathan*. Baden-Baden: Nomos

Diehl, Wiebke (2011): *Das Selbstverständnis der Hisbollah. Libanon, Islam und die arabische Dimension in Hassan Nasrallahs Reden*. Berlin: Hans Schiller

Gawron, Thomas (2010): *Steuerungstheorie, Policy-Forschung und Governance-Ansatz. Zum verfehlten Governance-Konzept der Regionalforschung*. Schriftenreihe des Forschungsverbundes KoReMi, Bd. 07, Leipzig: Forschungsverbund KoReMi

Gellner, Winand/**Hammer**, Eva-Maria (2010): *Policyforschung*. München: Oldenbourg

Golbert, Valentin (2001): *Innere Sicherheit in unterschiedlichen gesellschaftlichen Kontexten. Ausgewählte Aspekte des Verbrechensproblems im Spätkapitalismus, Real- und Postsozialismus.* unv. Dissertation, Universität Hamburg

Hanf, Theodor (2007): *E pluribus unum? Lebanese opinions and attitudes on coexistence.* Bd. 14, Byblos: UNESCO International Centre for Human Sciences

Hartmann, Jürgen (2011): *Staat und Regime im Orient und in Afrika. Regionenporträts und Länderstudien.* Wiesbaden: VS

Hobbes, Thomas (1996): *Leviathan.* Klenner, Hermann (Hrsg.), aus dem Engl. übers. von Schlösser, Jutta, Hamburg: Meiner

Jellinek, Georg (1976): *Allgemeine Staatslehre.* unveränd. Nachdruck d.5. Neudr. d. 3. Aufl, Kronberg/Ts.: Athenäum

Kropf, Annika (2007): *Oppositionsbewegungen im Libanon. Zwischen Systemerhalt und Systemveränderung*, Beiträge zur Politikwissenschaft, Bd. 91, Frankfurt a. Main: Peter Lang

Naßmacher, Hiltrud (2004): *Politikwissenschaft.* 5. bearbeit. und erw. Aufl., München et al.: Oldenbourg

Ohmae, Kenichi (1995): *The End of the Nation State. The Rise of Regional Economies.* New York et al.: The Free Press

Ohmae, Kenichi (2001): *Der unsichtbare Kontinent Vier Strategische Imperative für die New Economy.* aus dem Amerik. übers. von Berger, Regina, Wien et al.: Ueberreuter

Reese-Schäfer, Walter (2007): *Klassiker der politischen Ideengeschichte. Von Platon bis Marx.* München: Oldenbourg

Reinhard, Wolfgang (1999): *Geschichte der Staatsgewalt. Eine vergleichende Verfassungsgeschichte Europas von den Anfängen bis zur Gegenwart.* München: C.H. Beck

Scharpf, Fritz W. (1997): *Games Real Actors Play. Actor-Centered Institutionalism in Policy Research.* Boulder (Colorado): Westview Press

Schuppert, Gunnar Folke (2003): *Staatswissenschaft.* Baden-Baden: Nomos

Schuppert, Gunnar Folke (2010): *Staat als Prozess. Eine staatstheoretische Skizze in sieben Aufzügen.* Frankfurt et al.: Campus

Strange, Susan (1996): *The Retreat of the State. The Diffusion of Power in the World Economy.* Cambridge: Cambridge University Press

The International Institute for Strategic Studies (IISS) (2004): *The Military Balance 2004-2005.* London: Oxford University Press

Transparency International (TI) (2010): *Pressemappe Korruptionswahrnehmungsindex 2010*, Berlin: Transparency International - Deutschland e.V.

Voigt, Rüdiger (2009): *Der Januskopf des Staates. Warum wir auf den Staat nicht verzichten können*. Stuttgart: Franz Steiner

Weber, Max (1976): *Wirtschaft und Gesellschaft. Grundriss der verstehenden Soziologie.* Winckelmann, Johannes (Hrsg.), 5. rev. Aufl., Tübingen: Mohr

Weber, Max (1980): *Wirtschaft und Gesellschaft. Grundriß der verstehenden Soziologie.* Winkelmann, Johannes (Hrsg.), 5. rev. Aufl., 14. - 18. Tsd., Tübingen: Mohr

Wilke, Helmut (2003): *Heterotopia*. Frankfurt a. Main: Suhrkamp

Van Creveld, Martin (1999): *Aufstieg und Untergang des Staates*. aus dem Engl. übers. von Fritz, Klaus/Juraschitz, Norbert, München: Gerling

Zürn, Michael (1998): *Regieren jenseits des Nationalstaates. Globalisierung und Denationalisierung als Chance*. Beck, Ulrich (Hrsg.), 2. Aufl., Frankfurt a. Main: Suhrkamp

Sammelbandbeiträge

Almond, Gabriel A./**Powell** Jr, G. Bingham J./**Dalton**, Russel J./**Strøm**, Kaare (2010): Issues in Comparative Politics. In: ebd.: *Comparative Politics Today. A World View*. 9. überarbeit. Aufl., New York et al.: Longman, S. 1-30

Anter, Andreas (2010): Die Chimäre vom „Ende des Staates" und der Ordnungsbedarf der Gesellschaft. In: Salzborn, Samuel/Voigt, Rüdiger (Hrsg.): *Staat – Souveränität – Nation. Beiträge zur aktuellen Staatsdiskussion*. working paper no 3, Giessen: Institut für Politikwissenschaft

Barak, Oren (2003): Lebanon: Failure, Collapse, and Resuscitation. In: Rotberg, Robert I.: *State Failure and State Weakness In A Time Of Terror*. Washington: Brookings Institution Press, S. 305-339

Benz, Arthur/**Dose**, Nicolai (2010a): Governance – Modebegriff oder nützliches sozialwissenschaftliches Konzept? In: Benz, Arthur/Dose, Nicolai (Hrsg.): *Governance – Regieren in komplexen Regelsystemen. Eine Einführung*. 2. aktual. und veränd. Aufl., Wiesbaden: VS & Springer, S. 13-36

Benz, Arthur/**Dose**, Nicolai (2010b): Von der Governance-Analyse zur Policytheorie. In: Benz, Arthur/Dose, Nicolai (Hrsg.): *Governance – Regieren in komplexen Regelsystemen. Eine Einführung*. 2. aktual. und veränd. Aufl., Wiesbaden: VS & Springer, S. 251-276

Czada, Roland (2010): Good Governance als Leitkonzept für Regierungshandeln: Grundlagen, Anwendungen, Kritik. In: Benz, Arthur/Dose, Nicolai (Hrsg.): *Governance – Regieren in komplexen Regelsystemen. Eine Einführung*. 2. aktual. und veränd. Aufl., Wiesbaden: VS & Springer, S. 201-224

Gerngroß, Markus (2007): Libanon. Staatszerfall durch interne Konflikte und externe Interessen, In: Straßner, Alexander/Klein-Pfeuffer, Margarete: *Wenn Staaten scheitern: Theorie und Empirie des Staatszerfalls*. Wiesbaden: VS & GWV, S. 147-166

Harbrich, Kai (2007): Staatskonsolidierung vs. Staatszerfall. Eine vergleichende Untersuchung am Beispiel von Tanzania und Sierra Leone. In: Ferdowsi, Mir A./Opitz, Peter J. (Hrsg.): *Arbeitspapiere zu Problemen der Internationalen Politik und der Entwicklungsländerforschung*, Nr. 47/2007, München: Geschwister-Scholl-Institut für Politische Wissenschaft der Ludwig-Maximilians-Universität München (zugleich Magisterarbeit LMU München 2006)

Koufu, Nicole (2008): Die politische und sicherheitspolitische Dimension von Friedenskonsolidierungsprozessen. Fallstudie Libanon. In: Ferdowsi, Mir A./Opitz, Peter J. (Hrsg.): *Arbeitspapiere zu Problemen der Internationalen Politik und der Entwicklungsländerforschung*, Nr. 51/2008, München: Geschwister-Scholl-Institut für Politische Wissenschaft der Ludwig-Maximilians-Universität München (zugleich Magisterarbeit LMU München 2007)

Krell, Gert (2011): Staat – Nation – Staatensystem. In: Salzborn, Samuel/Voigt, Rüdiger (Hrsg.): *Staat – Souveränität – Nation. Beiträge zur aktuellen Staatsdiskussion*. working paper no 5, Giessen: Institut für Politikwissenschaft

Maas, Kirsten (2007): Politik – eine Glaubenssache? In: Vielhaber, Armin/Hetzel, Elke/Tarabochia, Michael: *SympathieMagazin. Libanon verstehen*. Seefeld-Hechendorf: Studienkreis für Tourismus und Entwicklung e.V., S. 14-15

Mayntz, Renate (2005): Governance Theory als fortentwickelte Steuerungstheorie? In: Schuppert, Gunnar Folke (Hrsg.): *Governance-Forschung. Vergewisserung über Stand und Entwicklungslinien*. Baden-Baden: Nomos, S. 11-20

Mayntz, Renate (2007): Die Handlungsfähigkeit des Nationalstaates in Zeiten der Globalisierung. In: Heidbrink, Ludger/Hirsch, Alfred (Hrsg.): *Staat ohne Verantwortung? Zum Wandel der Aufgaben von Staat und Politik*. Frankfurt a. Main: Campus, S. 267-281

Mayntz, Renate (2008a): Von der Steuerungstheorie zu Global Governance. In: Schuppert, Gunnar Folke/Zürn, Michael (Hrsg.): *Governance in einer sich wandelnden Welt*. Wiesbaden: VS, S. 43-60

Mayntz, Renate (2008b): Von politischer Steuerung zu Governance? Überlegungen zur Architektur von Innovationspolitik. In: Mayntz, Renate: *Über Governance. Institutionen und Prozesse politischer Regelung*. Frankfurt et al.: Campus, S. 105-120

Mayntz, Renate (2010): Governance im modernen Staat. In: Benz, Arthur/Dose, Nicolai (Hrsg.): *Governance – Regieren in komplexen Regelsystemen. Eine Einführung*. 2., aktualisierte und veränderte Auflage, Wiesbaden: VS & Springer, S. 37-48

Müller, Anna-Catharina/**Saleem**, Shazia (2010): Identität durch Recht und Gesetz. In: Robert, Rüdiger/Schlicht, Daniela/Saleem, Shazia (Hrsg.): *Kollektive Identitäten im Nahen und Mittleren Osten. Studien zum Verhältnis von Staat und Religion*. Münster: Waxmann, S. 253-271

Offe, Claus (2008): Governance – ‚Empty signifier' oder sozialwissenschaftliches Forschungsprogramm? In: Schuppert, Gunnar Folke/Zürn, Michael (Hrsg.): *Governance in einer sich wandelnden Welt*. Wiesbaden: VS, S. 61-76

Salzborn, Samuel (2010): Staat oder politisches System? Überlegungen zu begrifflichen Dimensionen politikwissenschaftlicher Herrschaftsanalyse. In: Salzborn, Samuel/Voigt, Rüdiger: *Staat – Souveränität – Nation. Beiträge zur aktuellen Staatsdiskussion.* working paper no 1, Giessen: Institut für Politikwissenschaft

Rosiny, Stephan (2008): Die Hisbollah im Libanon – Terroristischer Paria oder potentieller Partner für die Entwicklungszusammenarbeit? In: Programmbüro Interkulturelle Beziehungen mit islamisch geprägten Ländern: *Politischer Islam in arabischen Ländern*. Eschborn: GTZ, S. 28-38

Rotberg, Robert I. (2003): Failed States, Collapsed States, Weak States: Causes and Indicators. In: Rotberg, Robert I.: *State Failure and State Weakness In A Time Of Terror*. Washington: Brookings Institution Press, S. 1-25

Schneckener, Ulrich (2004): States at Risk – Zur Analyse fragiler Staatlichkeit. In: Schneckener, Ulrich: *States at Risk. Fragile Staaten als Sicherheits- und Entwicklungsproblem*. Berlin: Deutsches Institut für Internationale Politik und Sicherheit, S. 5-27

Schuppert, Gunnar Volke (2008): Governance – auf der Suche nach Konturen eines ‚anerkannt uneindeutigen Begriffs'. In: Schuppert, Gunnar Folke/Zürn, Michael (Hrsg.): *Governance in einer sich wandelnden Welt*. Wiesbaden: VS, S. 13 - 40

Sinno, Abdel-Raouf (2000): Der libanesische Bürgerkrieg (1975-1990): Stationen eines Selbstmords? Ursachen und Gründe. In: Sinno, Abdel-Raouf/Zimmer-Winkel, Rainer (Hrsg.): *Der Libanon heute*. Trier: Aphorisma, S. 6-13

Weiter, Matthias (2007): Libanon – Ein Entwicklungsland? In: Vielhaber, Armin/Hetzel, Elke/Tarabochia, Michael: *SympathieMagazin. Libanon verstehen*. Seefeld-Hechendorf: Studienkreis für Tourismus und Entwicklung e.V., S. 39-40

Wimmen, Heiko/**Sabra**, Martina (2007): Staat im Staat? – Die Basis der Hisbollah. In: Vielhaber, Armin/Hetzel, Elke/Tarabochia, Michael: *SympathieMagazin. Libanon verstehen*. Seefeld-Hechendorf: Studienkreis für Tourismus und Entwicklung e.V., S. 18-19

Zeitschriftenaufsätze und Zeitungsartikel

Aras, Bülent/Chaaban, Jad/Genç, Özge/İlhan, Ebru (2009): 'State and Anti-System Party Interactions in Turkey and Lebanon: Implications for European Policy'. *EuroMeSCo Paper*, (82), S. 1-41

Bickel, Markus (2008): ‚Hassan Nasrallah. Ein Stratege, aber kein ‚König der arabischen Welt''. In: *Frankfurter Allgemeine Zeitung*, 17.07.2008

Bickel, Markus (2009): ‚Libanon. Wählen ohne anzukreuzen'. In: *Frankfurter Allgemeine Zeitung*, 07.09.2009

Bickel, Markus (2011): ‚Dialektik des Widerstandes'. In: *Frankfurter Allgemeine Zeitung*, 28.05.2011

Cambanis, Thanassis (2006): ‚With speed, Hezbollah picks up the shovel. Group's engineers, funds pour into war torn Lebanon'. In: *The Boston Globe*, 19.08.2006

Denninger, Erhard (2000): ‚Vom Ende nationalstaatlicher Souveränität in Europa'. In: *JZ* (55), S. 1121-1126

Denso, Christian (2011): ‚Vertrauen zwischen Todfeinden'. In: *Die Zeit*, 20.10.2011, S. 8

Dingel, Eva (2008): ‚Libanon: Das Abkommen von Doha. Ausweg aus der politischen Krise'. In: *SWP Aktuell*, (47), Berlin: SWP

Elshobaki, Amr (2008): ‚Hezbollah and Hamas: A perspective from the region'. In: Elshobaki, Amr/Hroub, Khaled/Pioppi, Daniela/Tocci, Nathalie: 'Domestic Change and Conflict in the Mediterranean: The Cases of Hamas and Hezbollah'. *EuroMeSCo Paper*, (65), S. 19-22

Gabriel, Sigmar (2011): ‚Krise in den Köpfen'. *Die Zeit*, 15.09.2011, S. 2

Hackensberger, Alfred (2005): ‚Mahnungen zu Frieden und Einheit'. In: *Neues Deutschland*, 8. April 2005

Haid, Michael (2008): ‚Heimatschutz. Die alte Trennung von innerer und äußerer Sicherheit ist von gestern'. In: *Friedensforum*, FF1/2008, S. 32-35

Handelsblatt (2006): ‚Libanon-Krise. Hisbollah – ‚Partei des Teufels"'. In: *Handelsblatt*, 05.08.2006

Hartmann, Volker (2007): ‚Schwimmende Hilfe. Die medizinische Versorgung des Marineeinsatzverbandes UNIFIL'. In: *Militärgeschichtliches Forschungsamt: Truppendienst Bundesheer. Ausbildung, Führung, Einsatz*, (46), S. 550-556

Hänggi, Heiner (2002): ‚Editorial. Innere und äußere Sicherheit'. In: *S+F Sicherheit und Frieden*, (2)

Keller, Gabriela/**Chalid**, Wadi (2011): ‚Syrien. Waffenschmuggel per Schubkarre'. In: *Financial Times Deutschland*, 08.09.2011

Kötter, Matthias (2007): ‚Der Governance-Raum als Analysefaktor. Am Beispiel von ‚Räumen begrenzter Staatlichkeit"'. *SFB-Governance Working Paper Series*, (3)

Leukefeld, Karin (2009): ‚Libanon hat endlich seine Koalitionsregierung'. In: *Neues Deutschland*, 11.11.2009

Norton, August Richard (2007): ‚The Role of Hezbollah in Lebanese Domestic Politics'. In: *The International Spectator*, 42 (4), S. 475-491

Pioppi, Daniela (2008): ‚Hezbollah in a state of uncertainty'. In: Elshobaki, Amr/Hroub, Khaled/Pioppi, Daniela/Tocci, Nathalie: ‚Domestic Change and Conflict in the Mediterranean. The Cases of Hamas and Hezbollah'. *EuroMeSCo Paper*, (65), S. 13-18

Putnam, Robert D. (1988): ‚Diplomacy and domestic politics. The logic of two-level games'. In: *International Organization*, 42 (3), S. 427-460

Ronnefeldt, Clemens (2006): ‚Brennpunkt Nahost. Zur deutschen Beteiligung am UN-Einsatz im Libanon und dessen Kontext'. In: *Friedensforum*, FF4/2006, S. 10-11

Thumann, Michael (2011): ‚Meine Agenten, deine Agenten'. In: *Die Zeit*, 20.10.2011, S. 11

Wimmen, Heiko (2010a): ‚Hisbollah vs. Israel: Steht ein neuer Nahostkrieg bevor?'. In: *SWP-Aktuell* (56), Berlin: SWP

Wimmen, Heiko (2010b): ‚Gerechtigkeit vs. Stabilität? Das Sondertribunal für den Libanon droht eine neue Krise auszulösen'. In: *SWP-Aktuell* (79), Berlin: SWP

Internetquellen

Ahlut Bayt News Agency (ABNA) (2011): *Generalsekretär der Hezbollah: Iran ist Quelle des islamischen Erwachens in der Region.* In: http://abna.ir/data.asp?lang=7&Id=266471 (19.09.2011, ebd.), Abruf vom 05.10.2011

Al Bawaba (2011): *Gross public debt in Lebanon sees marginal drop in 2011.* In: http://www.albawaba.com/gross-public-debt-sees-marginal-drop-2011-388901 (18.08.2011, ebd.), Abruf vom 30.10.2011

Auswärtiges Amt (AA) (2011a): *Libanon. Wirtschaft.* In: http://www.auswaertiges-amt.de/DE/Aussenpolitik/Laender/Laenderinfos/Libanon/Wirtschaft_node.html (ebd.), Abruf vom 16.10.2011

Auswärtiges Amt (AA) (2011b): *Libanon. Außenpolitik.* In: http://www.auswaertiges-amt.de/DE/Aussenpolitik/Laender/Laenderinfos/Libanon/Aussenpolitik_node.html (ebd.), Abruf vom 16.10.2011

Auswärtiges Amt (AA) (2011c): *Libanon. Innenpolitik.* In: http://www.auswaertiges-amt.de/DE/Aussenpolitik/Laender/Laenderinfos/Libanon/Innenpolitik_node.html (ebd.), Abruf vom 16.10.2011

Auswärtiges Amt (AA) (2011d): *Lage im Libanon.* In: http://www.auswaertiges-amt.de/DE/Aussenpolitik/RegionaleSchwerpunkte/NaherMittlererOsten/Libanon/Ueberblick_node.html (ebd.), Abruf vom 17.10.2011

Bundeszentrale für politische Bildung (BPB) (2003): *Lexikon. Innere Sicherheit.* In: http://www.bpb.de/popup/popup_lemmata.html?guid=002047686617886102266173357868 94 (ebd.), Abruf vom 15.06.2011

Central Intelligence Agency (2011): *CIA Maps & Publications. Lebanon.* In: https://www.cia.gov/library/publications/cia-maps-publications/maps/802857.jpg (ebd.), Abruf vom 22.11.2011

Conrad, Naomi (2011): *Nahost. Syrien verfolgt Flüchtlinge im Libanon.* In: http://www.dw-world.de/dw/article/0,,15392176,00.html (16.09.2011, Deutsche Welle), Abruf vom 21.10.2011

Council on Foreign Relations (CFR) (2010): *Backgrounder – Hezbollah (a.k.a. Hizbollah, Hizbu'llah)*. In: http://www.cfr.org/lebanon/hezbollah-k-hizbollah-hizbullah/p9155 (ebd.), Abruf vom 29.10.2011

Europäische Union (EU) (2008): *Amtsblatt der Europäischen Union L 188/71*. In: http://eur-lex.europa.eu/LexUriServ/LexUriServ.do?uri=OJ:L:2008:188:0071:0076:DE:PDF (16.07.2008, ebd.), Abruf vom 07.11.2011

FAZ.net (2010): *Der Libanon erlebt durch Touristen einen Aufschwung*. In: http://www.faz.net/frankfurter-allgemeine-zeitung/wirtschaft/der-libanon-erlebt-durch-touristen-einen-aufschwung-11038597.html (16.09.2010, ebd.), Abruf vom 26.10.2011

Freedom House (FH) (2010): *Freedom in the World. Country Report Lebanon 2010*. In: http://www.freedomhouse.org/template.cfm?page=22&year=2010&country=7859 (ebd.), Abruf vom 07.11.2011

Gehlen, Martin (2011): *Hisbollah regiert den Libanon*. In: http://www.zeit.de/politik/ausland/2011-06/hisbollah-libanon (15.06.2011, Zeit Online), Abruf vom 14.10.2011

Global Finance (GF) (2011): *Lebanon Country Report*. In: http://www.gfmag.com/gdp-data-country-reports/235-lebanon-gdp-country-report.html#axzz1cI0PIjDd (ebd.), Abruf vom 30.10.2011

IHS Global Insight (IHS) (2011): *Country Intelligence. Report Lebanon*. In: http://www.ihs.com/products/global-insight/index.aspx?pu=1&rd=globalinsight_com (ebd.), Abruf vom 24.09.2011

International Monetary Fund (IMF) (2010): *World Economic Outlook October 2010. Recovery, Risk, and Rebalancing*. In: http://www.imf.org/external/pubs/ft/weo/2010/02/pdf/text.pdf (ebd.), Abruf vom 30.10.2011

International Monetary Fund, Resident Representative Office in Lebanon (IMF) (2011): *Lebanon. Real GDP Growth Analysis 1997-2009*. In: http://www.imf.org/external/country/LBN/rr/2011/030311.pdf (ebd.), Abruf vom 30.10.2011

Kaufmann, Daniel/Kraay, Aart/Mastruzzi, Massimo (2005): *Governance Matters IV: Governance Indicators for 1996-2004*. In: http://papers.ssrn.com/sol3/papers.cfm?abstract_id=718081 (The World Bank), Abruf vom 19.06.2011

Kifner, John (2006): *Hezbollah Leads Work to Rebuild, Gaining Stature*. In: http://www.nytimes.com/2006/08/16/world/middleeast/16hezbollah.html (16.08.2006, The New York Times), Abruf vom 01.11.2011

MSNBC (2011): *Militant Hezbollah secures dominance in Lebanon. Gain cabinet majority; ardent supporters Syria, Iran seen as gaining influence*. In: http://www.msnbc.msn.com/id/43383451/ns/world_news-mideast_n_africa/t/militant-hezbollah-secures-dominance-lebanon/#.ToxRtHKfZEM (13.06.2011, ebd.), Abruf vom 05.10.2011

Ministry of Finance of the Republic of Lebanon (MOF) (2011): *Lebanon Country Profile 2011*. In: http://www.finance.gov.lb/en-US/finance/ReportsPublications/Documents AndReportsIssuedByMOF/Documents/Sovereign%20and%20Invensment%20Reports/ Country%20Profile/Lebanon%20Country%20Profile%202011.pdf (ebd.), Abruf vom 15.10.2011

Philipp, Peter (2011): *Hisbollah*. In: http://www.bpb.de/themen/4BCDZV,0,Hisbollah.html (BPB), Abruf vom 21.10.2011

Picali, E. B. (2011): *Escalating Tensions in Lebanon following Indictment in Al-Hariri Assassination*. In: http://www.memri.org/report/en/0/0/0/0/0/0/5462.htm (13.07.2011, The Middle East Media Research Institute), Abruf vom 06.11.2011

Realité EU (2011): *Hisbollah dominiert neue Regierung im Libanon*. In: http://www.realite-eu.org/site/apps/nlnet/content3.aspx?c=9dJBLLNkGiF&b=2331131&ct=10881955 (21.06.2011, ebd.), Abruf vom 05.10.2011

Risse, Thomas (2005): *Governance in Räumen begrenzter Staatlichkeit. ‚Failed states' werden zum zentralen Problem der Weltpolitik*. In: http://www.polsoz.fu-berlin.de/polwiss/forschung/international/atasp/publikationen/4_artikel_papiere/83/IP_09-05_Risse.pdf (Freie Universität Berlin, Otto-Suhr-Institut für Politikwissenschaft), Abruf vom 28.05.2011

Salem, Paul (2010a): ‚Hezbollah in a Corner'. In: http://carnegie-mec.org/publications/?fa=41265&solr_hilite=Hezbollah (23.07.2010, Carnegie Endowment for International Peace), Abruf vom 18.11.2011

Salem, Paul (2010b): 'Don't Cut Off Lebanon's Aid'. In: http://carnegie-mec.org/publications/?fa=41406&solr_hilite=Hezbollah (19.08.2010, Carnegie Endowment for International Peace), Abruf vom 18.11.2011

Salem, Paul (2011): 'Lebanon's New Government: Outlines and Challenges'. In: http://carnegie-mec.org/publications/?fa=44621&solr_hilite=Hezbollah (15.06.2011, Carnegie Endowment for International Peace), Abruf vom 18.11.2011

Security Council (SC) (2006): *SC/8723 Security Council strongly encourages Syria to respond to Lebanon's request to delineate border, establish diplomatic relations*. In: http://www.un.org/News/Press/docs/2006/sc8723.doc.htm (17.03.2006, ebd.), Abruf vom 21.10.2011

Schäuble, Martin/**Flug**, Noah (2008): *Vom Gazastreifen-Konflikt im Süden zum zweiten Libanonkrieg 2006 im Norden*. In: http://www.bpb.de/themen/O0F2QO,0,0,Vom_GazastreifenKonflikt_im_S%FCden_zum_zweiten_Libanonkrieg_2006_im_Norden.html (BPB), Abruf vom 20.10.2011

Slim, Randa (2011): 'Hezbollah's most serious challenge'. In: http://mideast.foreignpolicy.com/posts/2011/05/03/hezbollah_s_most_serious_challenge (03.05.2011, Foreign Policy. The Middle East Channel), Abruf vom 18.11.2011

Spiegel Online (2011): *Libanon. Französische Uno-Soldaten bei Bombenanschlag verletzt.* In: http://www.spiegel.de/politik/ausland/0,1518,776814,00.html (26.07.2011, ebd.), Abruf vom 15.10.2011

Süddeutsche.de (2006): *Libanon-Krieg. Amnesty wirft Israel Kriegsverbrechen vor.* In: http://www.sueddeutsche.de/politik/libanon-krieg-amnesty-wirf-israel-kriegsverbrechen-vor-1.842703 (23.08.2006, ebd.), Abruf vom 20.10.2011

Tran, Mark (2008): *The second Lebanon war.* In: http://www.guardian.co.uk/world/2008/jan/30/israelandthepalestinians.marktran (30.01.2008, The Guardian), Abruf vom 20.10.2011

The Daily Star (TDS) (2011a): *Hezbollah offered billions to disarm: Qassem.* In: http://www.dailystar.com.lb/News/Politics/2011/Aug 01/Hezbollah-offered-billions-to-disarm-Qassem.ashx#axzz1ZuO6x1mM (01.08.2011, ebd.) Abruf vom 05.09.2011

The Daily Star (TDS) (2011b): *Lebanese trade deficit balance continues to widen in January.* In: http://www.dailystar.com.lb/Business/Lebanon/Feb/28/Lebanese-trade-deficit-balance-continues-to-widen-in-January.ashx#axzz1cIRGBvwr (28.02.2011, ebd.) Abruf vom 31.10.2011

UNIFIL (2011) : *Facts and Figures.* In: http://www.un.org/en/peacekeeping/missions/unifil/facts.shtml (ebd.), Abruf vom 02.11.2011

U.S. Department of State, Bureau of Near Eastern Affairs (DOS) (2011): *Background Note: Lebanon.* In: http://www.state.gov/r/pa/ei/bgn/35833.htm (ebd.), Abruf vom 11.10.2011

Voice of America (VOA) (2009): *Lebanon Provides Fertile Ground for Iranian Influence.*, In: http://www.voanews.com/english/news/a-13-2009-02-13-voa38-68629607.html (13.02.2009, ebd.), Abruf vom 14.10.2011

Wikimedia Foundation (2011): *Schebaa-Farmen.* In: http://upload.wikimedia.org/wikipedia/commons/f/f7/Schebaa-Farmen.jpg (ebd.), Abruf vom 22.11.2011

World Bank/Lebanon Ministry of Social Affairs (MSA) (2007): *Post-Conflict Social and Livelihoods Assessment in Lebanon.* In: http://reliefweb.int/sites/reliefweb.int/files/resources/057D14BA45269E61C12573760042777A-Full_Report.pdf (ebd.), Abruf vom 10.10.2011

World Bank (WB) (2011): *Lebanon. Country Brief.* In: http://data.worldbank.org/country/lebanon (ebd.), Abruf vom 16.10.2011

Zeit Online (2011): *Verdächtige im Mordfall Hariri angeblich unauffindbar.* In: http://www.zeit.de/politik/ausland/2011-08/hariri-sondertribunal-2 (09.08.2011, ebd.), Abruf vom 14.10.2011

Anhang

Karte des Libanon

Quelle: Central Intelligence Agency (2011)

Karte des Südlibanon

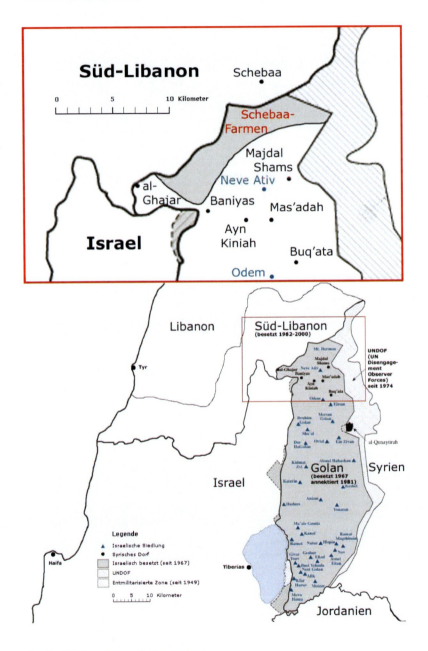

Quelle: Wikimedia Foundation (2011)